U0935418

人生重启手册

王彦婷——著
Tina

台海出版社

图书在版编目（CIP）数据

人生重启手册 / 王彦婷著. — 北京 : 台海出版社, 2022.4

ISBN 978-7-5168-3276-9

Ⅰ. ①人… Ⅱ. ①王… Ⅲ. ①成功心理—通俗读物 Ⅳ. ①B848.4-49

中国版本图书馆CIP数据核字(2022)第063059号

人生重启手册

著　　者：王彦婷

出 版 人：蔡　旭　　封面设计：梦　乡

责任编辑：姚红梅

出版发行：台海出版社

地　　址：北京市东城区景山东街20号　　邮政编码：100009

电　　话：010—64041652（发行，邮购）

传　　真：010—84045799（总编室）

网　　址：www.taimeng.org.cn/thcbs/default.htm

E-mail：thcbs@126.com

经　　销：全国各地新华书店

印　　刷：河北盛世彩捷印刷有限公司

本书如有破损、缺页、装订错误，请与本社联系调换

开　　本：880毫米×1230毫米　　1/32

字　　数：120千字　　印　　张：6.25

版　　次：2022年4月第1版　　印　　次：2022年4月第1次印刷

书　　号：ISBN 978-7-5168-3276-9

定　　价：49.00元

序　言

我的第一本书《人生重启手册》就要出版了。

如果在我22岁刚踏入职场的时候，有人突然对我说："Tina，你知道吗？28岁你会有自己的公司，29岁你会成为一本书的作者。"我想我根本不会相信。

其实，我的起点很低，一路走到现在，你可能认为我是幸运的，但我自己却知道事实并非如此。

当年我考上一所我并不满意的大学后，利用大学4年实现逆风翻盘。毕业之际，我站在了人生的新起点上，在同学们还焦头烂额地四处投递简历时，我就被北京的一家互联网公司录用，开始了自己的北漂生活。

“人活着，至少得一年一质变。”这是我参加工作后第一位领导对我说过的话，这句话让我印象深刻。从工作的第一年开始，我就以这句话作为自己职业发展的最低标准。之后，我的职场生涯就循着“至少得一年一质变”的最低标准，每年更上一个台阶，让自己的人生拥有了更多的自主权。

7 年过去了，我回顾了自己这几年职场的发展历程：

自学托福拿到 110 分（满分 120），其中阅读和写作双满分，从助教被提拔为主讲老师，收入翻了两倍。

加入北京新东方，从教师评分倒数，到冲进教师评分排名前十；从带出上百位托福阅读满分学员，到开始培训新教师。

后被英国曼彻斯特大学录取，一年后拿下硕士学位。

有幸受作家李笑来的亲自指点，踏对视频号风口，从英语老师成功转型做自媒体，获得首届视频号峰会“新锐价值奖”，个人资产也增长数十倍。

偶然的一次机会，被某公司邀请担任运营总监，第一个月带领团队拿下月度业绩冠军，后被提拔为公司 CEO，最终注册成立了自己的公司。

一位作家曾说："一件事情的毕业，永远是另一件事情的开启。"

在这 7 年的打拼过程中，无数成功的经验、失败的教训都让我意识到认知的重要性，很多事情没做到不是因为能力不够，也不是因为不够努力，而是因为你不知道。不知道就想不到，想不到就做不到，做不到就赚不到。

你或许对一个观点耳熟能详：选择大于努力。

但大于选择的又是什么呢？是你的认知框架。

认知如此重要，一旦出错，人生就会偏航，在错误的方向上一路狂奔，跑得越快，毁灭速度就越快。

正所谓一念一世界，虽然我们每个人头顶同一片天空，脚踩一样的大地，呼吸着同样的空气，但认知的不同决定了每个人每天都生活在全然不同的世界中。

在这本书中，我分享了自己职场 7 年意义重大的一些经历，以及帮助自己实现一年一质变的重要认知，从"直面自我"、"思维升级”、“掌控关系”，到“赢在职场”，再到“勇于创业”，相信你在阅读本书的过程中，一定会有不少认知被提升的时刻。

你的认知一旦升级，你就活在了跟之前的自己完全不一样的世界里，你就会在这个全新的世界里，开启全然不同的生命旅程，惊喜于自己一个又一个的新变化。

人生就是一场升级打怪之旅，我们只有不断重启自己、刷新自己、迭代自己，才能成为越来越好的自己。

生命的意义，就是要成为更好的自己！

祝你阅读愉快！

王彦婷（Tina）

2022 年春　于青岛

目　录

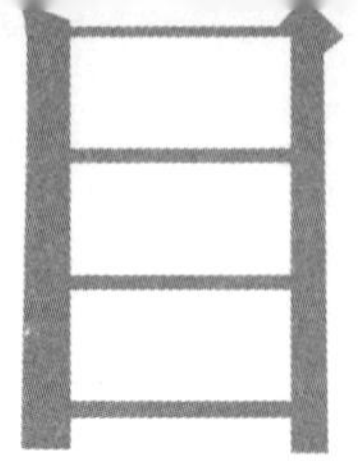

Chapter 1

/ 直 面 自 我 /

面对别人的建议和评价，太执着于自我的人容易把别人的建议当作对自己的负面评价；而开放自己的人会把别人的建议当作帮助自己改进的反馈。想快速进步、学习新知，首先要学会放下自己，直面自己。

向外求不如向内求

一个人能力再强，但时常情绪低落、心理素质不够，是没有办法把事情做漂亮的。

你会发现所有的烦恼和损失都来自人际关系。

总有人抱怨自己经常会遇到麻烦事以及负能量的人，但大概率都是他们自己本身就是负能量的人，才会招来麻烦的人和麻烦的人际关系。

解决人际关系烦恼的唯一方法就是做好课题分离，区分什么是别人能控制的事情，什么是我能控制的事情。

聪明人都知道，我们每个人活在这个世界上，唯一能控制的人就是我们自己，唯一能控制的事就是我们主动边界之内的事情。

我们永远管不了别人，可能会有人因为你的权威、资历暂时屈从于你，但这始终是暂时的。

所以，为了让自己的时间更值钱，为了让自己在单位时间创造更多的价值，发生任何人际关系冲突时，即使自己有损失，都不要怪罪他人。

淡定地说一句“都是我的错”，及时止损，方能大步向前。

让自己变好，是解决一切问题的关键。

这么想，就幸福了

生活中，我们常常这样憧憬：

等我买到房子的时候就幸福了；

等我收入再翻一倍的时候就开心了；

等我顺利通过这科考试的时候就自由了；

……

可是，真等到我们买了房子、收入翻倍、通过考试，才发现幸福的滋味犹如入口即化的奶油蛋糕，很快就消失得无影无踪，因为它很快就被眼前新的目标和烦恼冲跑了。

《幸福的方法》这本书中写道：彩票得主在短短一个月的时间里，就已经回到了他们之前的幸福感水平——如果他们在中奖前是不快乐的，那么他们会很快回到不快乐的状态。

所以，外在条件的改善似乎永远无法将我们带到幸福的彼岸。

而且，有这种“等我……就好了”的思想的人，不仅很难抵达幸福的彼岸，这种想法还表露出了他们深深的挣扎。

我自己就有这样一段挣扎的时光。

当时的我已经实现了留学梦，有着一份高于同龄人的收入，甚至还有着大把可支配的自由时间。可想而知，我的同学都认为我的日子过得有滋有味，一定是无忧无虑的。

可事实却是，我因为工作中的挑战常常失眠，有时甚至会睁着眼直到天亮；我会时不时地冒出放弃工作，离开北京回老家开一个奶茶店的想法；早上醒来，我会拒绝睁开眼睛面对清晨的第一缕阳光，因为新的一天意味着新的挑战……

其实幸福就是不必时时恐惧。而当时的我，虽然物质条件优渥，但是每天都生活在恐惧当中。

直到有一天，恐惧的状态戛然而止，美好的幸福降临了。

我根据一本书的建议，把自己所拥有的东西、引以为傲的事情都写在一张张便签上。

在写完的那一刻，我竟然狠狠地抽了自己一个大嘴巴，因为那一刻我终于意识到我居然这么富有：

我牵挂的亲人们都还健康幸福地活在这个世界上，父母工作轻松自由，不愁养老，爷爷奶奶身体健康，安享晚年。我还有什么不幸福的呢？

我有健康的身体，很少因为生病而影响工作和学习。健康是一个人最宝贵的财富，我还有什么不幸福的呢？

……

我浪费了自己生命里整整一个月的时间去为自己凭空制造的痛苦而痛苦，只是因为我被眼前的目标蒙蔽了双眼，活在了自己假想的不幸福的世界里，没有好好享受这段时光。

当我们执着于某个目标时，就会被它裹挟着陷入某种焦灼的状态，视野就会变得非常狭窄，从而不自觉地忽视了自己已经拥有的幸福生活。

人最大的可悲之处不是生活落魄无家可归，而是身在福中却不知福。

所以，为了防止再次陷入这种可悲的境地，现在的我每天都会写幸福便签，把在生活中感受到的温暖及时记录下来，每当自己被眼前的欲望蒙蔽了双眼时，就会通过阅读这些小确幸找回前进的力量和勇气，幸福的根源在于追逐梦想的同时，也要享受当下。

叔本华在《人生的智慧》中说过，我们终其一生只能活在此时此刻，我们的人生只存在于刹那之间。

也就是说，我们一辈子真正拥有并可以主宰的就是当下，除此之外，再无其他。

那么到底怎样才能享受当下呢?

答案是认真对待生活中发生的每一件事情，无论好与坏，都不要区别对待、滋生分别心。

在我的课堂上，常常会有无法集中注意力的学生，不是因为知识点没用，而是他们心里牵挂着没打完的游戏，满心想着惊心动魄的作战场面和升级打怪带来的成就感，越是这么想，越会觉得听课是一件令人厌烦的事情，从而无法专注眼前的事情，于是，自己给自己创造了一段不幸的生命时光。

但是有的学生就能在上课的时候专注学习本身，认真消化知识点，课下专注投入游戏中，从而享受到两种完全不同类型的成就感，生命由此饱满而有力。

还记得，樊登老师在他的读书会中提到自己的一段经历，他在赶飞机时被堵在了去机场的路上，眼看马上就要错过登机时间了，但他却没有丝毫焦急的情绪，司机好奇地问他："看您一点都不着急，您就不怕赶不上飞机吗？"

樊登说："要是注定了这次赶不上飞机，怕也没用，我还不如趁着这段清闲的片刻好好放松自己，欣赏欣赏路边的景色，为什么要把时间用来焦虑呢？"

的确是这样！开心是一天，不开心也是一天，我们为什么要不开心地度过这一天呢？

最朴素的道理往往最能折射出人生的真谛。

放下自己才能成为更好的自己

每个人大概都有一段年轻气盛的骄傲岁月。我也不例外。

记得刚做老师那会儿，我本能地把自己当成课堂里的主角，试图塑造一个高高在上、无所不知的“女神”老师形象。

所以，除了做好十足的备课工作，我还会非常注重自己上课时的妆容和服饰，生怕在学生面前掉了价儿。

然而越是这样，学生跟我的距离就越远。每当看到有学生通过肢体语言或面部表情释放出“这课真无聊”的信号时，我就非常受打击，断定学生是因为不喜欢我才丧失了听课的兴趣。这让讲课成了我沉重的心理负担。

直到后来一个偶然的机会，我才知道即便是在非常优秀的老教师的课堂上，也会有左顾右盼拒绝听课的学生。这让我意识到，很多学生并不会因为老师是谁就突然转变成一个连自己都不认识的“学霸”。

我想明白这一点后，就开始慢慢放下自己，不再把自己看得那么重，而是把自己看作一名知识分享者，尽最大的努力把知识分析、讲解明白，将它直接教授给学生，他们想不想要是他们的事情，我无法控制。

当我改变了心态的时候，才真正开始享受讲课的过程，因为不再把自己太当回事儿了，状态完全放松下来，反而更多地看重知识的传递了。当我完全放开了的时候，发现不需要去刻意准备什么，就能把自己最好的状态呈现出来，学生因此也觉得我更加亲切可爱了。

这件事让我明白，过度关注自我，会给我们带来很多不必要的痛苦，总以为这个世界处处针对自己，不自觉地放大问题，这就是典型的受害者心态。但事实却是，这个世界没有太多的人愿意针对别人去做一些什么事情。

我们每个人都是活在自己想象的世界中，大多数的烦恼都是我们凭空想象出来的，越是这么想，我们越是对这个世界抱有防御的心态，从而无法活出真实的自己。而只有当放下自己的时候，心门才会打开，这样才会更容易感受到藏在身边的美好。

过度关注自我的人非常在意别人对自己的评价，他们会竭尽全力地维护“我很强”“我是对的”的自我形象，这会阻碍人的成长和进步。

前段时间，我做教师培训工作，给没有任何教学经验的新教师批课。其中一位老师在展示了几分钟她的托福教学片段后，我便打断了她，给她指出了有问题的地方，但她没有听明白我的建议就急于为自己辩解，语气中甚至略带着些委屈。果然，下次批课的时候，她没有出现，以不想考托福为由放弃了这份工作。

但是其他新老师却非常虚心地聆听我的建议，有不同意见的时候选择和我探讨，而不是抓着自己的想法不放。于是每一次试讲都比前一次表现更好，很快就成功签订入职合同，拥有了正式授课的资格。

面对别人的建议和评价，太执着于自我的人容易把别人的建议当作对自己的负面评价；而开放自己的人会把别人的建议当作帮助自己改进的反馈。所以说，要想快速进步、学习新知，首先就是要学着把自己放下。

不要太执着于自我，你是什么样的人没有那么重要，如何对待这个世界并与之相处才是最重要的。

接受不可控因素，做内心强大的人

几年前，我还在教授线上托福阅读课程，在线课程的最大特点是需要主教老师通过开办公开课的方式来促进相应科目的销量。

无论那时的我多么卖力地设计免费的公开课，甚至完全把免费课程按照付费课程的方式来对待，可是所有的努力都无法改变自己所教授的科目在听、说、读、写四科中招生人数最少的事实。

即便我很清楚阅读课程在这个行业中需求量天然少的现状，即便我被多次安慰，其他科目的老师有着多于我 5-8 年的教课经验，我还是把所有的问题归罪于自己的无能。

无时无刻的自责和叹息让那段时间成为我生命里最阴暗、痛苦的一段回忆。

吴军老师说："明白自己能力的边界，对世界有一种诚惶诚恐的态度，才会有长远的发展。"

面对生活可能存在的种种磨难，想要保持冷静和坚强，做自己人生的主人，就要不断提醒自己，自己能控制什么，不能控制什么。

心理学中有一个非常著名的ABC模型理论，A代表事件本身，B代表我们对A事件的看法，C代表我们的压力状况。

事件A是我们很难做到甚至无法掌控的，所以想要改变我们自身的压力状况C，最好的办法就是改变我们对待A事件的信念或者看法，因为这是我们唯一能掌控的事情。

也只有拥有这样的处世哲学，无论外界的"敌人"如何伤害我们，我们也不会轻易被击倒，因为一颗强大的心灵才是我们应对这个荆棘丛生的世界最有力的武器。

正如一句话所说："没有人或事物可以伤害你，除非你愿意。"

希望每一个人都可以被这个世界温柔以待。

像大文豪苏东坡一样，面对任何事情都可以“卒然临之而不惊，无故加之而不怒”。

提取自己的闪光点

我们身边总有这样的朋友，他们能力绝对是够的，但就是因为不够自信始终不敢迈出第一步，第一步迈不出，一切都免谈。作为局外人的我们总会为他们感到惋惜。有句话是这样说的，“在真实的生命中，每桩伟业都由信心开始，并由信心跨出第一步。”

现在我们就来聊一聊，到底如何培养自信。

首先我们要摆正自己的位置，永远不要想着超过身边的所有人，如果你以这个作为成功的标准，很难拥有真正的自信。因为自古至今，没有任何人可以超过所有人，正确的思维是把自己的能力和优势发挥出来，做一个有用的人，做一个被更多人需要的人。

所以，首先你要想办法发掘自己的优势。如何发掘呢？一个实用的方法就是写成功日记，每天把自己当天取得的成绩记录下来，不一定是多大的成绩，小小的成绩也值得记录。比如今天和朋友聊天很开心，我很善于理解他的感受，说明我的同理心和沟通能力不错；再比如，今天没有刷抖音而是看了一小时的书，我能专注地看进去，说明我是热爱读书的。

两年前，我经历过一段低谷期，那段时间对自己很不满意。那时我还在北京新东方，周六日要讲课，周一到周五还要去公司坐班，做一些行政培训工作，忙碌的工作节奏让我无暇好好备课，讲课状态大不如从前，我开始陷入对自我的怀疑中。

尽管后来退出了行政培训工作，但是在之后的一个月里，心情一直很低落，即便读了不少心灵方面的书籍，也没有恢复到之前快乐的状态。最终让我走出来的是，有一天我读了《小狗钱钱》这本书，学到了写成功日记的方法，我尝试把自己之前取得的成就一一写在纸上。

当我写到第十几条的时候，恍然大悟，原来我已经做成了这么多事，相比很多同龄人已经优秀很多了，然而现在却把时间浪费在自我贬低当中，太不值得了。从那天起，只要我一有负面情绪，就会把这些成功便签拿出来，看一遍立刻满血复活。

所以当你感到自卑、难过时，可以记录自己的成就事件，它会很好地帮你积蓄心理能量。

通过持续写成功日记，进行系统的总结，把自己的闪光点提取出来，这就是培养自信种子的方式。当你找到自己的能力优势之后，就要刻意去培养这几方面的能力了。我真正开始变得自信，是写公众号文章的时候。因为那时我通过记录自己北漂租房的经历，收获了一部分亲朋好友的认可。所以我开始认定，自己在写作方面有一定的优势，我就坚持写，不管写得好还是不好，渐渐得到越来越多朋友的喜欢和认可，这种一点点的正向反馈都在增加我的自信值。

很多时候，你会发现，其实是外界先给予了我们正向反馈，给予了我们勇气，我们才能给自己勇气。在坚持通过自媒体写作的 3 年期间，我影响和帮助到的人越来越多，我也变得越来越自信了。

让自己拥有自信的绝佳方法就是多为他人做贡献，当你能帮助的人越来越多的时候，你就能自动收获自信。

内向的人如何交到更多的朋友

很多朋友都以为我是一个外向且善于交际的人，因为看我经常去很多地方，还会发一些跟不同朋友谈笑风生的照片和短视频。

但真相是我从小就是一个非常内向的人，直到现在也不愿意凑到人多的场合，只有一个人待着的时候才感觉更有能量。

之前我还在新东方上班的时候，我常往来的朋友也只有一两个。

但最近一两年，我的朋友出现了爆发式的增长，结实了不少各行各业优秀的人，比如投资人、家庭教育工作者、心理咨询师等。

发生这样的转变其实不是我变得外向了，也不是我更擅长与人打交道了，而是我学习了一些新的技能。

也就是说，想要拥有更多的朋友，关键不在于高情商，也不在于高超的沟通技巧，而在于你跨学科学习的能力。

我见过很多情商高又特别会说话的人，他们的朋友相比普通人可能多一些，但终究总是那一群人，新朋友增长的速度并不快。

自从我开始学习短视频、写作、社群运营、投资等知识，我的新朋友就开始成倍增长，因为不管跟谁面对面交谈，对方说什么我都可以轻松衔接。

不一定要很专业，只要能推动话题的发展，就能推动双方关系进一步发展。

罗振宇也说过，当你学习多项技能时，只要沟通能力正常，不需要太专业，总能交到这个领域的几个新朋友，你就成了一个人际关系网的节点。

这也是为什么现在总有朋友会来找我给他们介绍靠谱的律师、老师等。

成为关系节点也意味不同领域的信息会首先流经你，而信息意味着影响力，影响力则会带来更多的人脉，从而演变成人脉增长的飞轮效应。

这也是为什么像我这么内向的人，依然可以拥有这么多五湖四海的朋友。

所以，想要拥有更多的朋友，关键在于你要成为一名“斜杠青年”。

而成为“斜杠青年”最快的方式就是阅读，只要读过不同领域的一两本书，你自然就变成了一个跟任何人都聊得来的社交高手了。

Chapter 2

/思 维 升 级/

很多人执行力不够、缺乏自律，根本原因在于他们不进行深度思考，懒得去分析每件事情背后的底层逻辑。

对所有事情都持观望、怀疑的态度，这种不确定感带来的是懒惰和拖延，是一次又一次与机会的失之交臂。

学点儿技能，有效利用大脑带宽

一　你那么努力，为什么还是这么穷

在回答这个问题之前，我们先来看一项调查结果。

全球有2.85亿人患有糖尿病，虽然身患这种病的人不会感觉身体不适，但如果不加治疗，它会使人休克、失明甚至死亡。

好在只要按时服药或自行注射胰岛素，再通过按时控制饮食等，这种病就不会对身体产生太大影响。

尽管如此，糖尿病依然会夺走很多人的性命，主要在于只有50%–75%的患者会按时服药。在这些不能遵医嘱的人群中，尤以穷人最甚。

不是因为他们买不起药，很多国家会给穷人免费提供这种药。即便手头有足够药量，穷人依然声称自己常常忘记用药。

穷人为什么这么做？难道不怕死吗？

现在，假如你是一位身患糖尿病的穷人，整日为一家人的生计烦恼。

晚上睡觉前，你满脑子想的都是孩子下周的学费如何凑齐，思来想去决定明天去雇主家，把上次拖欠的工资追回来，免不了又要低三下四。

一觉醒来，你更加疲惫不堪，更加焦虑，大脑已经完全被眼前这些紧迫的事情奴役了，饭前注射胰岛素这件事早已被你抛到九霄云外。

这种现象在心理学上叫作“稀缺效应”。当时间紧迫时，我们的大脑会自动集中在眼前迫近的事情上，导致我们自动忽略了其他不紧急但是同样重要的事情。

而穷人的生活充满了大量不确定因素和突发事件，这些事件像钩子一样钩住他们的眼睛，让他们满脑子想的都是如何处理眼前琐碎的事，尽管他们比谁都拼命地去谋生、去养家糊口，但却没有足够的大脑带宽去规划模糊遥远的未来。

所以，穷人之所以穷，不在于他们愚笨，不在于他们懒惰，也不在于他们没钱，根源在于他们缺少足够的大脑带宽。

你是否有过这样的体验，当你刚刚踏入职场时，每天除了要应对大量的工作，还要为每月的房租发愁，这时你会发现，自己没有心思去健身、读书、学习……

即便报了一门投资理财课，但是那些要付的账单、要给领导提交的报告、要给客户发的反馈一个个硬闯进你的大脑，让你无法专注在这些未来会带给你好处的模糊概念上，因为吸收知识需要占用许多大脑带宽。

长期处在这种大脑稀缺当中，你的自控力渐渐枯竭，你破罐破摔，每天下班回家后，你不再逼自己，不再读书学习，而是打开抖音刷起了搞笑视频，或者喊上两三好友开了一局王者荣耀。

生活就这样循环往复下去，即便你很努力工作，积累了些许职场经验，收入翻了一倍，但是你会发现花钱的地方更多了，你换了更大的房子，用上了更昂贵的化妆品，背上了品牌的包包……要付的账单竟还是那么多！每月“月光”的处境依然没有改变。

所以，导致我们贫穷的，不是我们没钱，不是我们不好好工作，而是没有闲余的大脑带宽去学习新的知识、新的技能。

而这种无知、无能又导致我们陷入新一轮的贫穷当中，就像一只在笼子里拼命奔跑的小白鼠一样，越努力，越无法破局，似乎永远无法从中跳脱出来。

一个人拥有的最宝贵的财富不是金钱，也不是时间，而是注意力，也就是大脑的带宽。节约大脑带宽能带来高额回报。

换句话说，你的注意力在哪，你就会成为什么样的人。

二　如何破除贫穷的诅咒

最基本的建议是：在带宽充裕的时候行动。

每个人的大脑带宽会不断波动，有时多，有时少。

农民在即将收获的时候带宽很少，但是收获过后带宽就会很富足；

学生临近期末的时候带宽很少，但是在学期之初带宽会很富足；

职场人士在月末付账单时带宽很少，但是在月初发工资时带宽会很富足……

而导致带宽稀缺的根源在于，当带宽充裕时候，我们没有好好利用起来。

我们在各种 deadline（死线）之前感觉时间紧迫，就是因为我们浪费了曾经充裕的阶段。

所以，充裕之中，似乎埋藏着终将使我们落入稀缺陷阱的种子，这也是大多数人贫穷的深层逻辑。

我庆幸自己曾经就职于一家重视充裕的公司，这或许是新东方曾经一度人才辈出的原因。

因为职业属性，我们一年中最忙的阶段主要在寒暑假总共 3

个月的时间，其他时间课少一些，所以，我们有许多自由时间和充沛的精力。

每当这时候，公司总会督促我们去报个培训课，考个资格证，而且为了提高我们学习的动力，还不惜给我们提供报班的优惠补贴。

多亏了公司的激励，我利用春季课少的这段时间，报名了 CELTA 培训课程（剑桥大学认证的教师资格证）。

在大脑带宽较为富足的阶段，我不需要太多的自我约束力就能集中精力，学习效果自然会更加显著。

月薪 5000 的人和月薪 2 万的人可能就差在，是否有效利用了大脑带宽充足的阶段。

那么，月薪 5000 的人和月薪 5 万的人差在哪呢？

三　月收入如果达到 5 万，必定是某个领域的专家

作家亚当斯说，如果你想取得出类拔萃的成就，大概有两个选择。

第一个选择是，把自己的某项技能练到同行业前 10% 的水平，这样很少有人能替代你，这类人群高收入是必然的结果。

但实现这一点太难了。

第二个选择是，你可以选择两项技能，把每一项技能都练到同行业前 30% 的水平，这就容易多了。

同时拥有两个排在同行业前 30% 的技能的人，其实特别少。如果你能把这两个技能结合起来做一件事，你就可能取得了不起的成就。

亚当斯给年轻人的建议是，如果你不知道再学一个什么技能，建议你去练习表达能力，也就是演讲或者写作。

罗振宇曾在“罗辑思维”年会上说过一句话：“每个行业的红利，都将向善于表达者倾斜。”

的确如此，如果你能说服他人为你做事，或者听从你的观点，那么你将不再是一名普通员工，而是一位领导者。

其实很多人在职场混得不好，不是因为专业能力不行或不够努力，而是因为知道你的人太少了。你很厉害，但是别人看不到你很厉害，这就很悲哀了。

我朋友跟我讲过周鸿祎的故事，周鸿祎早年不善言辞，在人前说话总是不由自主地紧张，一紧张说话就磕绊，但是为了拉投资，他必须要硬着头皮去练习演讲力，只有说服了别人，自己的公司才能活下去，自己才能实现财富自由。

我朋友说，看他现在在年会上讲话那么沉着自如，完全想象不到他曾经有那么拘谨、笨拙的样子。

柏拉图说：“谁会讲故事，谁就拥有全世界。”

我们不奢望拥有全世界，但是为了自己的人生将来有更多选择的权利，有更多的自由，而不是被迫谋生，无论你从事什么行业，好的表达能力是每个人都应该具备的。

因为，这个时代，你能影响多少人，就能决定你值多少钱。

当你主动帮助别人时，你便是极致聪明的人

前几天，我竟然花钱报了一门自己完全用不上的课——宝妈成长训练营。

首先，我不是宝妈，而且生孩子这事儿也不在我这几年的计划之内。

迫切的刚需才是一切驱动力的源头。

我不明白，“宝妈”这两个字离现在的我那么遥远，我却雷厉风行地扫了码、下了单，还乖乖找小助手求入群，中间竟没有半点犹豫。

我，到底是中了哪门子邪？

百思不得其解后，我在《影响力》这本书中找到了答案。

书中说：当别人给了我们什么好处后，我们理应回报。

原来，我落入了“互惠心理”的陷阱。

回顾整个过程，我的这种离奇行为用“互惠原理”就可以解释得通了。

一位读者朋友，在“印象笔记”上阅读了我的文章，便加了我的微信，一上来就非常客气地说：“我读了您的文章，觉得您非常棒，想继续跟您讨教学习方法。”

看到这样的话语，我自然心生欢喜，但更厉害的是，她主动问：“在哪里可以继续向您学习呢？您有公众号吗？”

我一听“公众号”，就兴奋了，这一个月累死累活地写文章就是为了更快聚集“粉丝”。

所以她的行为勾起了我的感激之情，我立刻把我的公众号推给她，她满口说着“感谢”的话语，而我也心满意足地和她聊了两句。

一段时间后，她突然发来一张海报，就是刚刚提到的宝妈成长营宣传海报，她说：“如果你有兴趣，可以来看看。”

之后就是我上面提到的自己一系列“脑子发热”的行径了。

可是，为什么这时候我的“脑子会发热”？

因为这位销售触发了我的亏欠还债感，她主动要求关注我的公众号，还满口说着“谢谢”，这其实是在帮我的忙，让我离目标更近了一步，而且无形中提高了我的自我认可度。

所以当她对我提出这个小小的要求时，我无法拒绝，还非常开心地答应了她的要求，以回报她当初带给我的幸福感。

《影响力》中给出的解释是：当他人给予我们小恩小惠时，足以触发我们的亏欠感。而带着亏欠感生活是很不舒服的，因为人类具有社会属性，当只接受而不试图回报他人时，会受到社会群体的不欢迎。

这一点也让我对这个世界的运行规律有了进一步的认知：当我们主动去帮助别人时，其实获益最大的是我们自己。

记得 5 年之前，我还是一名小小的助教，只是给学生做一些简单的答疑工作，还要顺便销售付费课程。

那时的我没自信、没勇气、也没能力站在讲台上成为一名真正的讲师，但这是我当时的目标，我也相信总有一天我会成为一名优秀的托福教师。

但没想到，这个目标在短短一年之后就实现了，因为这次职业升级，我的收入翻了一倍，还登上了一个更大的平台，接触到了行业内非常优秀的人。

让我短期内硕果累累的，是整整一年我都在做的一件事：讲免费的托福课，无私地帮助他人成长。

为了讲好每一堂免费课，我甚至会花好几天的时间去打磨它，努力让自己的语言通俗易懂，让来听课的学生觉得时间花得值，所以，我完全是当作付费课来准备的。

在这个过程中，看似是我在白白付出，他人在白白获益，但最终我也借助这些免费课程整合了自己的知识体系，不断完善自己的教学方法，而且也收获了很多学生的好评和认可，其实我可能才是这个过程中的最大赢家。

正如白岩松在他的书中写道：“无私为大私——真正无私的时候，反而收获是最多的。”

白岩松说，他经常做一些公益活动，这时常常有人对他说：“感谢你的无私奉献。”

他回应道：“不，你理解错了，我做公益活动，其实拥有巨大的回报，尽管不是物质的。”

他说，人到了一定年纪，从事公益事业，往往能感受到自身的价值，获得内心的平静。这种平静对于中年人是奢侈品。

所以，当我们选择善良，无私地帮助他人的时候，其实最终成就的是我们自己。无一例外。

就像有一句话说的那样，“当我们伸手相助的那一刻，就已经获得了回报。”

小小的鼓励，小小的认可，小小的赞美，都是一种利他行为。

研究表明，在我们做出利他行为的同时，身体本身就释放了大量的激素，让我们更加幸福和平静。

所以，不够善良的人，其实是不够聪明的人，而足够善良的人其实是足够精明的人。

投资＋投资场外的赚钱能力

2020年8月份，我还是新东方的一位老师，拿着每月一结的课时费，一年下来也有30多万的收入，但靠这个薪资再打拼10年，也买不起北京三环以内60平方米的房子。

现在的我，早已辞去了英语老师的工作，通过自媒体创业，收入也翻了几倍。

所以，想跟大家分享我对提高收入的一些理解。

只要方法正确，人人都可以在7年内实现财富自由。

想要赚大钱，你最终只能通过投资实现。

为什么呢？

只有把钱拿去投资了，你手里的钱才不会贬值。

把钱攥在手里，或存在银行里，钱就会越来越不值钱，因为通货膨胀一直存在。

只有把你的钱拿去购买对的资产，你的钱才能跑赢通货膨胀。

怎么选择好的投资呢？

其实很简单，看那些在投资领域拿到结果的人买什么，我们跟着买什么就可以了。

但是想要通过投资赚大钱，光买了还不够，还得做到以下两点，你的钱才能被 N 倍放大。

1. 你能拿得住，有耐心，等得起，持有一个投资，至少 5-7 年，穿越两个大周期，你的钱才会有 10 倍以上的投资回报，你才能通过投资享受到复利效应的威力。

2. 你得有足够大额的本金，如果只是一点点钱，即使翻了几倍实际也没有多少。

那要做到以上两点需要满足哪些条件呢？

需要满足两个条件：

1. 有事情可做，转移你的注意力，不要每天盯着K线图看，否则你就容易在投资场上犯错误，所以必须在投资场外有事可做。

2. 想要拥有大额本金去投资，这就需要你有足够的投资场外赚钱能力，我们简称场外赚钱能力。

当你去努力提升投资场外赚钱能力的时候，你就有事可做，就能有更多的本金去投资了。

所以问题来了，如何提升自己投资场外的赚钱能力呢?

投资场内用钱赚钱，投资场外用时间赚钱。

投资场外，你可以用来赚钱的时间就是上班的8小时和下班后的8小时。

对于上班的8小时，老板每月给你发工资，这些钱能满足你的基本生活需求，剩下的钱可能够再买点好的商品享受享受生活，之后就没剩下多少钱了，靠上班赚来的钱拿去投资实现财富自由很难，因为太慢了。

照这样算，你可能得六七十岁后才能实现财富自由，这时候你也没有体力和精力去享受生活了，这依然不是一个美好的结局。

所以为了有更多的钱拿去定投，你得利用下班后的时间去赚钱。

你知道除了投资之外，最赚钱的两件事情是什么吗？

一个是销售，一个是制造产品。

两者其实相辅相成，不可分割。

没有产品就没有销售，没有销售，制成了产品也没有意义。

这个时代，最厉害的销售模式是什么？

答案是——打造个人品牌，积累自己的私域流量，通过分销代理他人的产品或者直接销售自己的产品来变现私域流量。

我们这个时代根本不缺好产品，有太多可以满足消费者同样需求的好产品，于是，有些消费者选择困难症犯了；因为购物方便，消费者也越来越懒了。

这时，消费者下单的依据不再是根据产品本身了，而是根据卖这个产品的人去决定是否购买，会相信一个值得信赖的人的推荐，跟着一个信赖的人买买买就可以了。

所以这个时代，卖自己比卖产品更重要。

你要想办法让更多的人喜欢、认可、追随你。当你有了个人品牌时，你所销售的产品就容易占据客户心智，产品就会容易卖出去。

我自己2021年一年通过视频号持续打造自己的个人影响力，积累自己的私域流量。通过视频号引流到个人微信号，再通过朋友圈和社群销售课程，收入翻了好几倍。

你会发现，积累私域流量最底层的能力其实是链接人的能力。

没有人，你赚不到钱。

有人的地方就有财富。

所以，创富的方法论模型已经很清楚了：

通过销售和造产品，大大提升你投资场外的赚钱能力，再把赚到的这些钱拿去投资，选择几个看好的标的，拿住不动，不出意外，几年后你就可能实现财富自由。

合理分配自己的时间和精力

2020 年 8 月份，我还在北京新东方紧锣密鼓地带托福暑假班，但那时我已经向主管提出辞职，只要带完暑假班的课我就可以办理离职手续了。

是的，正是 2020 年 8 月份，我离开了自己耕耘了 10 年的留学培训行业，辞职成为一名自由职业者，说得专业一点，叫自媒体创业。

辞职之后，我不仅拥有了自由的时间，收入也比之前翻了 3–5 倍。

很多朋友、亲戚看着我一路的变化，会很好奇地来问："你不上班，每天就在家看看书，你到底是怎么赚钱的？"

回顾这一年我做的事情，除了读书、学习外，有 50% 的时间都在做一件事情——卖东西。

2021 年 5 月份，我在线上开办了自己的视频号训练营，没想到竟然连开了 13 期，直到现在每天都有人来问我第 14 期视频号训练营什么时候办。

视频号训练营是我自产自销的产品，我把自己的时间、知识、服务凝结在其中然后卖出去，卖自己的东西给我带来了不菲的收入。

然而回顾这一年，我惊奇地发现，我最大的收入来源竟然不是卖自己的东西，而是卖别人的东西。

这让我陷入了思考，为什么会这样呢？

想来想去，我探寻出两个主要原因。

第一个原因是，在这个产能过剩、产品同质化严重的时代，技术的进步让我们根本不缺产品，也不缺好产品，很多东西免费送别人都不要，所以如果我们造出的产品没有极大的差异化，不是刚需产品，其实卖出去很困难。

赚钱的本质就是卖东西，而这个时代缺的是什么？

缺的是能帮消费者从这些琳琅满目的商品中挑选出好产品的销售员（或者导购员），帮助消费者节省决策时间，免去选择困难的烦恼。

稀缺就是值钱，冗余就是廉价。

所以，市场的供需关系决定了在这个时代人们不需要那么多产品了，更需要能卖出东西的人。

因此会选品且能把东西卖出的销售员比自产自销的创业者更可能赚到更多钱。

第二个原因是，造产品对于大多数普通人来说门槛很高，它意味着你要投入大量的时间、精力甚至金钱。

然而真相是资源付出了，造出来的产品也不一定能被市场接受。

而销售就不一样了，直接卖别人生产好的且被市场验证过的好产品，然后把自己的所有时间和精力专注地做好一件事情——把好产品卖出去。

你会发现后者比前者的启动成本低太多，大多数人都可以直接上手去做，而且市场供需关系导致商家给出的代理返佣金不低，所以很快就会有钱入账。

当收到正向反馈之后，你会更加容易把销售这件事情坚持下去。

相比之下，造产品带给你的正向反馈会慢一些、晚一些，这也是为什么很多创业者连续失败，创业九死一生。

不要小看正向反馈的力量。

吴军老师曾说过，能坚持一件事情，不取决于一个人多么有毅力，而取决于他能不能获得正向反馈和回报。反过来，如果他得不到正向反馈，即使别人告诉他这件事很重要，他也很有毅力，依然很难坚持到底。

所以，对于普通人而言，想要收入翻 3-5 倍，只需要专注做好一件事情就可以了——选择适合你的表达平台，比如朋友圈、公众号、视频号或者抖音等，持续输出内容，能日更就尽可能日更。

无须1000个“粉丝”，当你拥有200个铁杆“粉丝”时（划重点“铁杆”），就可以代理销售你精心挑选好的刚需好产品（划重点“刚需”“好”）。

一句话总结就是：持续免费做好表达者，吸引同频之人，通过分销代理他人的好产品赚取佣金。

到底卖自己的东西还是卖他人的产品，本质是对自己资源和精力进行合理分配的过程。

我们每个人与生俱来都拥有的资源就是时间和精力，收益最大化的人生就是合理分配自己的时间和精力的过程。

找到有长期价值的事，并坚持做下去

你知道什么样的人最厉害、也最可怕吗？答案是几年如一日，每天坚持的人，这件事可能是写作、运动、冥想、阅读等，总之是他们认为非常有价值的事情。

他们根据自己的实际情况和生活节奏，每天拿出一段时间去做，既不间断，也不过多去做，每天完成既定的量，完成后就做别的事。

村上春树每天只做两件事，一件事是每天坚持写 4000 字，写完就去跑步。这两件事他同时坚持了 30 多年。他出版了 40 多部小说，跑过近 50 次马拉松。他在 72 岁高龄时依然笔耕不辍、健步如飞。

华与华董事长华杉老师，从2014年开始，每天早上五六点起床写作，一直坚持到现在。他至今已经完成了《华杉讲透孙子兵法》《华杉讲透论语》《华杉讲透孟子》《超级符号就是超级创意》《华与华方法》等多部畅销书，为自己的公司留下了可以传承百年的品牌资产。

事物的发展都遵循量变到质变的演化规律，当我们在自己认为有价值的事情上，每天坚持一点点的时候，只要还健在，就一定会有质变飞跃的那一天。然而很多人都是几十年如一日地平平无奇，几乎从未体验过厚积薄发所带来的那种喜悦和激动。

大多数人也积累过，但要么因为间断没有等来质变飞跃的那一天，就早早地放弃了；要么就是因为没有把握好节奏，一开始用力过猛，导致心力交瘁，再也不想做了。儒家思想有句话叫“勿忘勿助”：“忘”就是因为忙，某一天没做；“助”就是今天把明天的功课提前做了，就是揠苗助长。

这两者都不可取，正确的做法是日日不断，下滴水穿石之功。

其实人生的突破就在于一段时间坚持好一件事就可以了，在这一点上，请允许我自夸一下：

我在大学时，认为英语对我是最有价值的事情，我就日日不间断地练习，经过4年积累，我在毕业后，顺利从二线城市来到首都北京发展。职场前3年，我认为讲课水平是对我最有价值的事情，我就日日不间断地练习，3年时间为我敲开了世界名校曼彻斯特大学的校门。

后来，我认为读书、写作、表达是对我最有价值的事情，我就日日不间断地练习，3年的积累把我带上了自媒体创业之路。现在的我，依然认为读书、写作、表达是对我最重要的事情，所以我每天早上写一篇文章，晚上拍一条短视频，相信它会不断把我带上一个又一个更大的人生舞台。

做时间的朋友，没有人是你的竞争对手，只有懒惰和拖延才是你真正的敌人，当你打败自己的懒惰和拖延时，你就打败了所有人。找到你认为有长期价值的事，每天抽出1个小时去做这件事，没有 1 个小时就抽出 30 分钟，没有 30 分钟就抽出 10 分钟，只要日日不间断，你的坚持一定会带你突破一个又一个现状，不断攀登到属于你自己的人生高峰。

避免低效勤奋

很多人都觉得我是一个勤奋的人，是一个十足的工作狂。

但他们不知道，我的娱乐方式就是工作，除了吃饭睡觉，恨不得无时无刻不在工作，也可以说是娱乐。

这够勤奋了吧?

但我又仔细想了想，现在的我远不如曾经在新东方工作的日子勤奋。

那时，我每天不到7点就起床，顶着北京冬日刺骨的寒风，骑着电动车奔向校区，赶在8点之前打卡。

上午上完4小时的课，中午匆匆吃个外卖，再骑着电动车奔向另一个校区，下午又是4小时的课。一天下来嗓子冒烟，身心俱疲。

这还不算完，晚上回家之后还要给每个学生写学情反馈，发给家长看。

那时候基本每天都要工作10个小时以上，那段日子练就了我钢铁般的意志，让我每天都觉得自己堪比劳模。

但如此勤奋的我依旧“月光”，在北京打拼了4年依然没有任何积蓄。

但自从2020年我开始做自媒体，通过短视频打造个人品牌之后，不到一年就攒了一笔积蓄，为现在开公司创业赚得了第一桶金。

为什么曾经那么辛苦工作的我，还不如现在更轻松的我赚到得多？

因为那时的我是低效的勤奋，现在的我看似不如当年勤奋，但其实是高效的勤奋。

勤奋的本质是什么？

是延长自己的劳动时间。

每个人每天的时间都是 24 小时。在聪明人那里，这 24 小时能产生 100 小时、1000 小时的效益；而对于平庸之人，24 小时就只能产生 24 小时的效益。

由此可见，勤奋也是分段位的。真正厉害的人都在做可以复制时间的事情，来被动延长自己的劳动时间，从而达到真正高效的勤奋。

我制作一条短视频需要 30 分钟，但是当发布之后，我不需要再做任何事情，短视频就可以无限制地去复制我的时间，帮我影响几万人。

时间越久，我的边际成本无限趋近于 0。

所以，只要坚持去输出去表达，你的个人影响力最终一定会崛起，你一定会有属于你的个人品牌。

有了个人品牌之后，你的收入自然而然就会增加。

为什么有了个人品牌之后收入会自然而然地增加呢？

因为当你有个人品牌的时候，你会更容易把东西卖出去。

所以，想要高效的勤奋，必须要多做可以复制时间的事情。

毋庸置疑，写作是可以复制时间的事情，不管你是去写公众号长文还是朋友圈短文，都能帮你把你的一次时间卖出去很多次，影响很多人。

短视频，是未来 3-5 年触达潜在客户效率最高的媒介，也是做营销增长最好的载体，没有之一。

所以，从此以后，在做每一件事之前，都问问自己：这件事能不能帮我复制出更多的时间?

如果不能，尽量少做。

厉害的人都在用系统思维解决问题

某知名教育机构创业初期，有一位教 GRE 数学的老师，跟老板提出单独加工资的要求。

因为 GRE 数学专业性太强，只有他一个人教得了，所以他认为该机构离不开他。

老板反复思考之后，决定不满足他的要求，因为一旦给他加了工资，其他老师的工资也要随之上涨，这意味着公司的整体运营成本都要上升。

老板最终决定辞退这位老师，并退了学生一半的费用。

这位老板后来是如何防止再次出现这类事件的呢？

从此，老板把每一门课程都要配备 2–3 位老师，让他们

之间产生竞争关系，这样就不会有老师觉得自己是不可替代的啦。

所以，这位老板并没有通过修改制度和流程来约束老师的行为，而是通过改变老师之间的关系，问题自动就被解决了。

在某种环境下，一个人展示出某种特定的行为，不是由他的性格、思维所决定的，而是由他所处的人际关系网决定的。

这就是为什么我们会在某些朋友面前表现的落落大方、不卑不亢，但是在另外一群朋友面前就会不自信、寡言少语。

是我们善变吗？不是的，这是由我们所处的人际关系网决定的，这个人际关系网就是系统。

当某件事出了问题后，首先不要去考虑是不是他的错误行为导致的，而是要考虑是什么样的环境和人际关系导致对方做出这样的选择。

要从根源上解决问题，不要试图改变某个人这个“点”，而是要改变系统这个“面”。

就我自己而言，如果我发现哪天我不够上进努力了，很可能是我身处的是一个不求上进的环境，这时，我最应该做的是换个环境，而不是一味地自责。

例如，员工工作积极性不高，并不意味着他是一个不勤勉的人，很可能是行业正在沉沦，也有可能是你作为领导者没有带领员工打一场胜仗，员工看不到希望而导致的。

所以不要试图改变某一个人的行为，而要改变他所处的系统、他与周围人的关系。

聪明的管理者都知道：求之于势，不责于人。

正如刘润老师在《底层逻辑》一书中说的：“改变流程、改变制度是管理，那么改变系统、改变模型就是治理。真正优秀的人，都用治理的方式管理组织。”

深度思考，才能产生强执行力

很多朋友看我每天早上准时写一篇公众号文章，晚上准时拍一条短视频，都会私信表达对我的佩服。

其实这种自律源于我很早就想明白了我所做的事价值有多大。

做个人品牌 3 年的时间，我清楚地知道持续高强度的内容产出是打造个人品牌的必经之路。

我也清楚地知道个人品牌的价值到底有多大，因为我已经尝到过太多个人品牌给我带来的甜头了。

这也是为什么我可以坚定不移地写文章、拍视频、积累“粉丝”、持续扩大自己的影响力。

即便每天只涨一个“粉丝”，我也是开心的，因为每多一个“粉丝”，就意味着我的影响力又扩大了一点点，我所拥有的人生自主权也就多了一点点。

所以当我想明白一件事情对我的价值有多大时，无须监督、无须说服，极致的践行就会自然而然地发生。

这就是知道为什么而战的巨大力量。

很多人执行力不够、缺乏自律，根本原因在于他们不进行深度思考，懒得去分析每件事情背后的底层逻辑。

对所有事情都持观望、怀疑的态度，这种不确定感带来的是懒惰和拖延，是一次又一次与机会的失之交臂。

那么我是如何帮助自己进行深度思考的？

答案就是坚持用我在“用书伴读”群讲授的“用书结构”进行写作。这件事我已经坚持了两年了。

这个结构分为书摘、分析、案例、行动 4 部分。当我读到书中某个对我有启发的知识点时，我便摘抄下来，并通过自己的理解对这个知识点进行前因后果的分析，然后联系一个可以被这个知识点印证的案例，描述出来，最后针对这个知识点，根据自身情况制订 1—3 个行动计划。

在这个过程中，我会去寻找这个知识点背后的原理和意义，这比别人直接告诉我，更能让我产生强大的行为动机。

因为比起被说教，我们更希望践行自己发现的道理。

正如一句话所说："知道为什么而战的士兵是不可战胜的。"

这意味着每当我们新学到一个知识点时，都要问问自己弄清楚它背后的原因了吗？

如果还没有，就要想办法弄清楚，否则无法真正做到。

所以，每天坚持按照这个结构梳理书中知识点，更容易做到知行合一。

而判断一个人是否有前途，就看他是否是一个知行合一的人。

Chapter 3

/ 掌 控 关 系 /

一段关系当中的人是相互影响的，你有这样那样的表现，在很大程度上由对方决定的。反之亦然。所以，任何关系中都没有好人或坏人，也没有谁对或谁错之分。

所处的关系，决定在他人面前的行为

我曾读过一本豆瓣评分很高的书，书名叫《了不起的我》，是一本可以帮助我们更好地认识自己、接纳自己、发展自己的心理学类书籍。整本书读下来，发现其中不少观点其实都是我已知的道理，比如：

不要夸孩子聪明，因为这样会让孩子为了维持自己在他人心目中聪明的形象，而不愿意主动去迎接难度大的挑战，这会极大降低孩子的抗挫折能力。

一个人真正成熟的标志就是学会课题分离，能分清楚别人的事和自己的事，努力控制自己能控制的事情并接纳自己无法控制的事情。

提高执行力的关键在于不要紧盯着目标不放，而是把眼光放在近处，关注当下所能做的事情，因为这是我们唯一能控制的东西，至于它能带来怎样的结果，我们其实无法左右，所以也不需要关注。

我在其他书本中也看到过类似的道理，但是书中有一个观点让我眼前一亮，有耳目一新的通透之感，也让我在复习整合旧知识的同时对自己有了新的认识和感悟。

书中说：每个人每时每刻都处在人与人的关系网中。我们的个性就是由不同的人际关系所决定的。关系之中的人相互影响，使得他们表现出特定的语言、行为和个性。

想象一下生活中我们会在不同人面前有不同的表现就理解这一点了，在某些朋友面前我们会表现得落落大方，不卑不亢；但是在另外一些朋友面前我们可能会有些不自信，寡言少语。

难道是我们善变、性格不稳定吗？

其实不是，而是我们所处的关系使然。书中说道：所谓的人格或个性，不过就是人在某一段特定关系中的行为、语言和情绪的表达方式。是所处的关系，而不是性格决定了我们在他人面前的行为方式。

这句话一下子点醒了我：

在跟一些外向的人打交道的时候，我总是不善言辞，无法放开做真实的自己。我常常会因为这一点而自卑。但是现在我明白了，原来问题不是出在我身上，而在于我所处的关系出现了问题。

在给有的班级上课的时候，我会很放松，容易跟学生打成一片，讲课的状态自然也会更好。但是在有的班级中，我会非常拘谨，从而不能正常发挥讲课水平。这不是我的问题也不是学生的问题，而是我们之间的关系带来的结果。

跟不同的领导共事我也会有不同的表现。有的领导善于鼓励和表扬，但越是这样，我的心理压力就越大，为了维持我在领导心中的“美好形象”（人性使然），我会对自己要求很高，而一旦达不到这样的标准，就会产生焦虑的情绪。但是跟比较严肃、不善于表达的领导共事，我反而更能发挥出自己的潜力，因为没有维持形象的心理包袱了。

你能肯定地说在这几种关系中到底谁对谁错吗？这根本没办法下定论，因为一段关系当中的人是相互影响的，你有这样那样的表现在很大程度上由对方决定的，反之亦然。所以任何关系中都没有好人或坏人，也没有谁对或谁错之分。

想明白了这一点，我们以后就再也没有必要单方面给自己贴上“敏感脆弱、自卑怕人”之类的标签了，这样生活中的挫败感就会消失一大半。

当然，遇到别人在我们面前表现得不自然时，我们也没有必要一味地指责或抱怨对方性格倔强古怪，很有可能是我们的表现引发了他们这种不讨喜的行为方式。这样一来，生活中的愤怒感也会消减一大半。

所以，等你下次跟自己的另一半吵架的时候，一定不要再说“我没有错，都是你的错”这种扭曲事实的话了。

万能沟通法则——“如果我是你……”

我记得跟同居的朋友第一次吵架是因为保洁员工作失职。这位来自某大型中介公司的保洁员，上门之后没有拖地、没有擦桌子，只是把小小的厨房清洁了一遍，就告诉我完成清洁工作了。而我凭着和这家中介品牌长期合作的信任，没有检查工作就让保洁员离开了。

等她走后，我仔细观察房间才发现，卧室地面上的头发丝清晰可见，厕所里的鞋印原封不动地印在地面上。正当我看着这一切感到莫名其妙的时候，手机收到了一条微信，定睛一看，竟然是这位保洁员发来的求五星好评的信息。我开始看不懂这个世界了，但依然客气地询问了她：“你们公司现在是否不提供擦地板的服务了？”

结果，她的回复让我震惊不已，我完全不相信这是一个成年人的做法。她说自己不光擦地和桌子了，还擦了好几遍。为了证明她在撒谎，我把整个地面擦了一遍，把污水拍给她看，然后就把她从微信里删除了，因为实在不想浪费时间跟她辩驳什么了。我顶着满脑子对人性的思索和无数的疑问，就等着朋友下班踏进门的那一刻，把我所有的震惊和愠怒一吐为快。

我这么做了，她在听完我的讲述之后做了两件事情：1. 打电话给那个保洁员让她以后不用来了，并让中介公司重新派一个保洁员上门。2. 坐下来和我分析了这件事的始末，理性地得出结论：这件事既有保洁员的原因，也有我自身的问题。因为我没有做好一位合格的客户，没有及时检查工作是否符合自己的标准。

我暗自感叹她的雷厉风行和考虑事情的全面性，但总感觉内心深处有一块空白没有被填满，继而继续在她耳边不断抒发自己的诧异和委屈。但我的感受没有被理解和接纳，她觉得我见识太少，过于小题大做了。

很多冲突都是在一方觉得再夸张也不为过，一方觉得太过小题大做中爆发的，我们也不例外。她耐心耗尽，认为已经好心帮我解决了问题，可我还在纠缠不休；而我早已委屈不已的内心又受到进一步指责的创伤，结果火药味越来越浓，最终战争爆发。两人吵得如火如荼，各持己见，僵持不下，直到午夜筋疲力尽才渐渐平息了下来。

虽然她第二天跟我道了歉，但是我后来回想，如果她当时不是先帮我解决问题，而是先合理化我的情绪和感受，轻轻说一句："如果我是你，我也觉得不可思议，我也会很生气。"

事情就能大事化小，小事化了，就不会有后面让两人元气大伤的“战役”了。

很多时候我们向朋友或伴侣抱怨生活中的不顺，吐槽工作中的困难，其实并不是去寻求帮助和建议，而纯粹是为了找个人说说话，让自己的感受被表达、被看到、被理解，就心满意足了。但往往因为对方看不到我们真实的诉求，我们的情绪不仅无法得到宣泄，反而更加委屈难过，最终陷入相互指责的境地。

所以，想通过沟通来解决问题，第一步永远是合理化对方的情绪，而不是直接解决问题。只要情绪被理解了，问题就不会进一步恶化。我曾学习过亲密关系课，课上讲授了一个当与对方发生冲突时，正面化解矛盾的沟通方法：第一步调整思想预设，把对方想象成善良的天使。第二步识别对方的情绪，害怕？羞耻？沮丧？失落？委屈？……第三步接住情绪，替对方说出他的情绪，并换位思考，一句“如果我是你，我也会跟你有一样的感受”可以化解所有的矛盾。

自从学会这个沟通法后，不管处理什么样的矛盾，比如客户投诉、领导不满等，我都能轻松应对。

幽默，是溢出的智慧

我上大学的时候，就对成为一名新东方老师充满无限的期待。

课堂上，每当因为题目做不对而意志消沉时，那些新东方老师智慧而又充满能量的段子总能让我眼前一亮，瞬间回血，重新燃起斗志。

我羡慕他们这种睿智的幽默。我以为只要自己拿到托福高分，成为一名新东方老师，我也能自动成为那样有魅力的人。

然而事实不是这样的。

4 年后，我顺利加入北京新东方托福项目组，一个名人辈出的部门。

在我第一次站上新东方的讲台时，内心无比紧张，大脑只顾着回忆课前准备好的逐字稿，别说讲段子了，连和学生互动的心情都没有。

第一堂课结束后，我特别沮丧，觉得自己是一个没有魅力的老师，完全不像自己心目中的新东方老师。

我觉得自己应该学习一些幽默技巧，所以回家后从网上买了大量这方面的书籍，如饥似渴地学习起来。

然而我发现课上依然用不上提前设计好的段子，要么是因为气氛不对，讲段子会更尴尬，要么就是完完全全忘记讲了。

3个月后，我的第一季度教师综合排名出来了：提分排名靠前，家长、学生评分倒数。

我的课堂那么枯燥，托福考试又那么难，家长、学生给我评分低是理所应当的。

这让我站上讲台时更加不自信，更没有心思和学生互动、开玩笑了。

后来我放弃挣扎了，因为我意识到刻意讲段子反而会影响我把知识点讲得更透彻，我开始安心讲好每一个知识点，只要学生能听明白，提高分数，其他先不管了。

一年过后的某一天，我突然发现我的课程上有欢笑声了，因为我开始自嘲了，跟学生分享一些我自己的囧事，课堂气氛越来越轻松。

这时候，我才恍然大悟：幽默感是不可能学来的，而是当你对自己的知识、技能足够自信、熟悉之后，随之而来的。

就像当你为这个社会创造足够多的价值之后，赚到钱就是顺带的结果一样。

幽默，来自举重若轻的智慧和唾手可得的自信。

所以，不要指望市面上教人口才、教人幽默技巧的书籍、课程，能让我们一夜之间成为幽默感十足的人。

当我们不够自信、不够专业、不够智慧的时候，很难拥有驾轻就熟的幽默感，而且刻意的幽默反而会让我们看起来更滑稽。

唯有扎扎实实提升自身技能，大量读书学习，当我们能为他人创造实实在在的价值时，当我们足够自信时，睿智从容的幽默感才会随之而来。

就如刘润老师所说：“只有当你的智慧多到溢出时，才有幽默感。幽默，是溢出的智慧。”

赞美别人，拥有好人缘

刚加入北京新东方的第一年里，学生和家长对我的打分一直不高，即便我在课上讲的解题技巧实用性很强，提分效果很明显。

后来我去英国读了对外英语教学硕士，计划再提升一下自己授课的专业性。

一年之后，我重新回到新东方的讲台，学生和家长对我的评分基本维持在5分满分的评价上了，我也很快冲进了教师排名前十。

我认为，让学生家长对我的评价发生改变的原因不是我的教学技巧提升了，而是我的心态改变了，我开始看到每个学生的优点，并通过各种方式来放大他们的优点。

出国之前，我一直觉得学生学习是他们的天职，是天经地义的事情，我只负责把自己拿高分的技巧传授给他们，没有义务每天夸他们。

但后来我在提升授课专业性的课堂上发现，每位教授的做法都跟我相反，不管学生说了什么，只要你敢于发言，教授都会有力地说一句“太棒了”。

当然，他们每次都会用不同的词汇来表达同样的意思。

更重要的是，当我把自己的角色从老师转变为学生时，我发现自己每次上课有多么渴望教授能关注到我，我也多么渴望自己每次举手发言都能换来教授的一句：“Excellent（优秀）！”

那一刻，我才真正感同身受，我才知道那些曾在我课堂上的学生多么不容易，托福考试本身特别难，我不仅没有给他们鼓劲加油，还时常为了防止他们骄傲，漠视他们的进步。

这或许可以帮助他们锤炼更坚忍的意志，但同时也会让不少学生消减了攻克托福的热情。

所以回国后，我的课堂风格发生了180度大转变，我开始狠狠地表扬每一个学生，即便他回答错了问题，我也会努力找出一个优点来肯定，比如："你嗓门儿挺响亮啊，一下让大家都精神了。"

赞美的效果很明显，我的学生不仅在课堂上放得开了，还经常主动找我聊天，分享他们在学校、家里发生的新鲜事。我也从他们身上学到不少东西。

这种育人风格延续到我现在开公司带团队，我每天早会都有一个分享环节，每个团队成员都要表达近期的学习或者工作心得，这也是我看到并肯定他们每一个人的时刻。

管理学上说：一个人的工作表现＝个人能力－心理负担。

也就是说，一个人实力再强，如果情绪不对，心理能量不够，是没有办法发挥出潜能，获得好的工作成果的。

所以夸人并不是为了取悦别人，其本质是一种极致利他的行为，只需要几句话，别人就会增强自我满意度，提高执行力，获得更好的工作结果，还有比这更容易的助人行为吗？

所以，正如《沟通的方法》一书中所说：修炼自己的“肯定反射”，让积极回应成为自己的本能，也成为别人对我们的印象标签。

但随着人们现代观念的觉醒，你会发现人人都是夸人能手，很多人听多了这类话也开始变得麻木了。

有没有什么办法让我们的赞美之词脱颖而出呢？

我给大家推荐一个落差赞美法。

比如：同事从家带来自制零食供大家享用。这时候单纯的“好吃”已经很难让对方有所触动了，因为大家都会这么说。

但如果这时候你说：“我原本以为你就是一个事业型的人，没想到你还这么全能呢，上得厅堂下得厨房呀。”

这样一句落差式的赞美既让对方成就感满满，又让他觉得自己受到你一直以来的关注和重视，自然喜悦之情溢于言表。

这才叫夸人夸到了别人心里头！

对人最好的赞美是你不看手机的样子

2020 年有一天，我有幸和一位前辈吃饭，他既是一位知名作家，也是一位天使投资人，那天的场景至今历历在目。

记得，在约好的餐厅见到他时，看到他手里拿着两部手机，我下意识地想：“牛人果然业务繁忙，在自己家楼下吃饭也要带两部手机出来。”

但让我没想到的是，在交谈的整整两个小时中，他竟然一眼手机都没看，即便交流中断，双方陷入无话可说的境地时，他也没有抽空碰手机。

当时，他还被我一些天真的问题逗笑过，还略开玩笑地提醒我，需要扎扎实实积累两年，当把自己活成榜样的时候，一切都会纷至沓来。

说实话，除了那顿饭，我跟任何人吃饭，对方都有看手机的时候，我也有抽空看手机的时候，毕竟做自媒体，业务主要通过手机来完成，心里总是有所牵挂。

不论什么场合，一得空就拿起手机回复几个信息，这似乎已经成了每隔一段时间的条件反射行为。

所以，这也是为什么这位前辈全程都没有夸赞过我一句，但我依然感受到了莫大的恭维和善意。

我从小到大被很多人夸过：学习好、长得好看、很有上进心……

但这些赞美在那顿饭之后，都显得苍白无力。

很多时候，我们不需要刻意想出一些赞美的话语让对方开心，全神贯注地倾听、用心地提问、把对方的每一句话都放在心上，这就是最大的赞美和尊重。

因为这是在用实际行动表达对对方的关注。行动永远是最高级的语言。

所以，一位知名作家、天使投资人面对一个无名小卒，用这样的实际行动来表达自己对对方的尊重，让我备受感动。在很多场合，我都会忍不住分享这件事对我深深的触动。

惭愧的是，直到现在，我也无法做到和他人一起吃饭时，克制住不看手机的冲动。

很大概率是因为，我先看了手机，对方才会去看手机。

但是，现在用文字把这件事又回顾了一遍、自我反思了一遍，我觉得，是时候修正自己的行为了。

毕竟这个世界就像一面镜子，我们怎么对待别人，别人就会怎么对待我们。我们想让别人怎么对待我们，我们就要怎么对待别人。

只有先改变自己，这个世界才会跟着改变。

他律是实现自律的前提

前几天，一位微信好友在我早上发的一条状态下评论："你每天起得好早呀。"

我看到后，苦笑着回了一句："我朋友圈里很多好友都是每天坚持 5 点钟起床，比我早多了。"

对方回了一个笑哭的表情，表示自己的不理解。

不少学员经常私信我，说佩服我早起、坚持写作、坚持拍视频的极致自律。

他们问我是如何做到的，我思考了一下，答案是——当周围就是一个自律的环境时，想不自律都很难。

其实大多数时候，我们的自律都是通过他律实现的。

有一个定律叫作“模仿定律”，意思是说一切社会行为都是人与人之间的相互模仿。

你会发现，我们所有的成长进步都是模仿他人的结果，只不过有人模仿能力强，进步快，有人模仿能力弱，进步慢。

意识到这个规律，我们想要做到一件事，只需要靠近做到的人，近距离观察学习他们，自己的行为就会在耳濡目染之下，自动发生改变。

但我发现，比此更有效的自律方式是，自己发起创造一个环境，自己成为榜样，带领别人做到。

比如，我的“用书伴读”社群最初源于我自己想改变晚睡晚起不规律的生活作息。

当我一旦开始鼓励带领别人早起读书时，一份责任感就附着在身上了。

每天无须闹钟，一到 6:30 就自动醒来；无须辗转挣扎，揉几下眼睛就起床洗漱了。

爸妈从我毕业就一直提醒我，一定要遵循身体的运作规律，他们用各种因为熬夜患癌的文章来警示我，都丝毫不起作用。

即便我曾经也加入过早起群，也有督导每天督促，但因为缺少一份责任感，所以在坚持几天后都以失败告终了。

现在一个简单的读书群就帮我纠正了多年改不了的习惯。

所以，如果你想要每天坚持背单词，最好的方式不是加入一个词汇群，而是自己组建一个打卡群，带头做表率。

如果你想要每天坚持健身，最好的方式不是去健身房，而是号召一群志同道合的人发起 100 天健身计划。

当我们开始鼓励别人做一件事情时，本质是在向别人承诺做这件事是有益处的，人们会为了证明自己是对的，从而不自觉地自己先做到，以此来说服他人，从而大大提升自己的行动力。

正如马克·吐温说的一句话："鼓励自己最好的办法，就是鼓励别人。"

我认为"自律""自控力"很难在不受他人影响的条件下持

续发生。不要高估自己的意志力，想要做到，最好借助并依赖外界的力量，这样能更快达成目标。

成为他人的榜样，带领一群人做到，最终我们成就的都是自己。

/赢 在 职 场/

定力，是人生的智慧——最终的胜利，常常是时间的胜利，是长期主义的胜利。

给即将踏入职场的大学生 5 个忠告

10 年前，我高考失利，进入一所很普通的大学。

我在收到录取通知书的那一刻，似乎一眼看到了自己未来的人生道路：毕业后找一家公司，做个小职员，然后相亲结婚生子，在小县城里安安稳稳地度过一生。

来到学校，更加感受到这所大学的普通，它甚至连个像样的图书馆都没有，宿舍也很差劲，刚入学的新生都对此抱怨连连。

可事实却是，大学毕业后我顺利去了北京，找到了一份很不错的工作，收入轻松破万。

两年后，我又顺利进入北京新东方，然后又被世界排名靠前的曼彻斯特大学录取。

现在我又转行在北京开始了自媒体创业。

很多朋友和同学都觉得我毕业后像开了挂一般幸运，我也觉得自己的职场道路顺风顺水，所以今天想把自己人生精进、跃迁的方法论分享给你，希望对你有所启发。

一　大学是你翻盘逆袭的好时机

进入大学后，你可能会这么想："终于摆脱父母和老师的束缚了，我要趁着这 4 年放纵一下自己，不然毕业后就再也没有这样的机会了。"

其实在很多好大学里，舍友组团、彻夜通宵打游戏直到天明；一觉醒来可以直接吃午饭；教务处补考成了家常便饭……这样的桥段不断在上演。

而正是因为看到这一点，我突然意识到：这 4 年可能是我人生中最宝贵的逆袭机会，高考前，大家都很努力，除非你是"学霸"或天赋异禀的那种人，不然在同时期是很难超越对手的；可一旦别人在偷懒，你还在夜以继日地发愤图强，那么你的成长会是成指数级增长的。

我笃定：曾经比我成绩好的同学，在没有了老师和父母的监督后，一定会在大学里放纵自己，这就是我逆风翻盘、弯道超车的最好时机。

所以进入大学后，我允许自己放松了一个学期，大一寒假回来突然改头换面，我成了宿舍里起得最早、睡得最晚的那一个，每天都把大量时间花在学习英语上。

甚至到了寒暑假，我更加用功，还报班去大城市参加补习班，最后拿到了优异的托福成绩。

就这样坚持了 3 年，大学毕业的时候，当我的同学都在心急如焚地到处面试找工作时，我不费吹灰之力就在北京找到一个收入过万的工作，从二线城市来到北京。

所以我想给你的第一个建议就是：高考并不能决定你的人生，真正能拉开毕业后你和同龄人差距的，是你选择怎样度过大学这 4 年时光。

大学 4 年是你实现弯道超车的最好时机。

二　毕业后一定先去大城市

毕业后我发现一个奇怪的现象：

在北京的我和在小城市的同学，初始能力差不多，也都很努力地工作，甚至他们每天的工作时长比我还要久，朝八晚五，雷打不动。

但为什么两年后我的收入和成长都是成倍地增长，但在小城市的同学依然在那个岗位上勤勤恳恳地工作，收入并没有很大的增幅？

我得出结论：因为收益不仅和勤奋、能力有关，更与站位有关。

我在大城市，周围的人大都比我优秀，每天与他们的交流给我提供了优质的信息环境质量。

我的视野不断在打开，我的认知边界不断在打破。

要知道：“一个人是永远赚不到自己认知以外的钱的。”

所以相比小城市，大城市瞬息万变的信息环境能够更高频地升级我的认知。

认知决定选择，选择构成行动，行动决定一个人的命运。

国内著名职业生涯规划师古典老师说：好的生涯轨迹一般是在 20-35 岁之间以职业发展为核心，在大城市尝试各种可能，有机会就再往上走。

在 35 岁前后，形成稳定的生活定见，然后做职业—家庭—自我的平衡选择。

三　毕业后一定先去大公司

先给大家介绍一下“锚定效应”的概念：人们在对某人某事做出判断时，易受第一印象或第一信息支配，就像沉入海底的锚一样把人们的思想固定在某处。

你人生中的第一份工作就是你职业生涯道路上一个巨大的“锚”，个人职业生涯的发展方向，很大程度上会取决于你的早期工作，尤其是第一份工作。

因为人们会根据第一份工作形成的能力、习惯和理念去寻找偏好的工作，最终确定自己在某个领域或岗位上长期贡献自我价值。

我自己就深有感触，我踏入职场已经第5个年头了，但是在工作中做决定时，依然会时不时想到第一份工作中领导教给我的理念和思想。

吴军博士说：“第一份工作必须要能够让你极快地成长，养成良好的职业习惯，在最短的时间里了解行业全貌，而且你也有时间主动通过第一份工作尽可能地成长。”

记得刚到新东方的时候，部门就派经验丰富的老教师专门给我们培训，每天监督我们完成一定量的备课任务，而且每周都会组织教研会给我们一个一个地批课。

这让不熟悉线下授课模式的我很快地适应了新环境，并最终以比较优异的成绩完成了暑假班授课的艰巨任务。

短短几个月的时间，我的专业能力得到飞速提升，这是之前在创业型的小公司根本不可能享受到的待遇。

小公司依然处在生存边缘，一定会以业务为主，老板甚至把很多精力放在给团队成员“画饼”上，根本没有时间也没有资金给你培训。

而且你也会被烦杂的任务压榨，不太可能有足够的时间去学习。

所以尽可能地先去大公司工作几年，或者一开始进不了大公司，也要给自己设置一个 2-3 年内进入大公司的目标。

因为从长远利益来看，大公司更有利于你形成良好的职业发展路径。

四　保持读课外书的习惯

我毕业后做了 4 年的英语老师，其间还读了一个对外英语教学的硕士，仅仅在几个月前我对自己未来 10 年的设想也是做一名优秀的英语老师。

但是万万没想到 2020 年 8 月份我就辞掉了自己扎根了近 10 年的英语领域，开始了自媒体创业。

在遭受新型冠状病毒疫情重创的经济形势下，很多人破产，收入陷入低谷，但我却短短 4 个月靠自媒体收入突破 6 位数。

而成就这一切的根源就是阅读，这让我意识到：这是一个知识可以轻松变现的时代。

我在 4 年前意识到读书的重要性，就开始了大量读书。

读书带给我哪些好处呢?

它让我更好地连接了人脉，而人脉就意味着资源和机会。

阅读带来的大量知识储备让我与人的沟通能力大大提升。

因为良好的沟通能力就在于善于用不同的表达总结归纳对方说话的重点，只有这样双方才能产生共鸣，不断达到心意相通的境地。

唯有通过阅读，你才能有更多的谈资和词汇量实现这一点。

正是有了这样的积累，我有自信参加各种聚会，而且总能成为聚会上受欢迎的角色。

这样我的影响力越来越大，更多的机会主动找到我，变现能力水涨船高。

所以读书越多，交际能力越强，赚的钱也就越多。

五　努力提升销售能力

现在中国已经进入产能过剩的时代，产品同质化也越来越严重，所以社会越来越需要能卖出东西的人。

国家现在大力发展新个体经济、网红等领域，为的就是促进消费，拉动经济增长。

我刚毕业的时候，既是英语老师，也是一名销售，需要卖课，当时还觉得做一名销售挺丢人的。但万万没想到，那两年的销售经历锻炼了我的抗压能力、沟通能力、 同理心等，这一点为我现在的创业奠定了坚实的基础。如果没有那两年的销售经历，我的创业之旅一定不会如此顺风顺水。

这就是为什么很多公司的 CEO 都是销售出身，销售真的很锻炼一个人的综合能力和素质。

除了以上 5 个忠告，我还有几句话也想送给风华正茂，还在打拼路上的你：

1. 人生就是一场马拉松，不要在意一时的得与失，谁能坚持到最后谁才是最大赢家。

2. 选择比努力更重要，你在哪里比你做什么更重要。

3. 一切都只不过是积累，越早积累，越早享受“世界第八大奇迹”——复利效应的馈赠。

4. 致富的道路只有一条，就是先让别人致富。

找到自己的职业定位

前天，我的一个程序员老朋友给我打电话，告诉我他最近很迷茫，因为周遭的同事都游手好闲，不是做事的人，所以就想自己创业，但还没想好选择哪个赛道 。

我说：“你打算不做程序员，要转行了？”

他说：“是的。”

我说：“那你也是一个做事三分钟热度，不专注的人呀。”

他说：“是，但我不专注不是因为我没耐心，而是现在迷茫，不知道方向是什么，一旦想清楚自己的定位，我是可以全力以赴的。”

想了一下，我觉得他说的是对的。

确实，我自己本身就是综合考虑了多个维度，确定了自己适合做知识服务类的自媒体，才公开立下了用10年深耕这个赛道的豪言。

现在，很多来让我做直播带货、消费品、升学规划的头部大咖、创始人邀请我加入他们团队，一起合伙创业，我都可以做到稳如磐石，坚定不动摇，因为我非常清楚自己要做什么样的事，成为什么样的人。

刘润老师在《底层逻辑》中说："定力，是人生的智慧——最终的胜利，常常是时间的胜利，是长期主义的胜利。"

其实定力的前提是有明确的定位，人生的定位一旦想明白了，定力自然形成，长期主义是自然而然的事情。

但对于大多数人而言，选择难，定位更难，这不仅需要我们非常了解自己，也要有不断洞察外在环境变化的敏锐度，因为做出对的选择需要一定的认知结构和一定的认知宽度。

这里分享一个我给自己做职业定位的方法：

职业定位 = 市场趋势 + 你的榜样

这两个维度中，你首先要考虑的是“趋势”。

因为不顺应趋势做事，即便比别人努力 10 倍，也比不上那些顺应趋势做事，还远不如你努力的人收益大。

对个人而言，当下成长破圈最快的方式就是通过持续表达来打造个人影响力，这是社会发展到一定阶段，从中心化演变成去中心化的必然趋势。

所以不管在哪个领域，想要拥有更强的核心竞争力，都应该有意识地打造个人品牌。

趋势是大前提，确定好自己要顺应什么趋势之后，你要去思考自己非常欣赏的人有哪些，那些自动呈现在你脑海中的人物就是你未来想要成为的样子。

就比如你问我的榜样是谁，我会不加思索地告诉你：俞敏洪、罗振宇、刘润、脱不花。

你会发现这 4 个人有一些共同的标签，都是做知识教育的，都是企业创始人 。

他们就是我未来 5-10 年内要成为的样子。

所以根据这两个维度，我最终明确了自己的职业定位：通过做基于社群的知识服务产品，为轻创业者赋能，最终成为一名教育家、企业家。

确定好职业目标，以终为始地去做事，才能聚焦、才能专注、才能全力以赴。

希望你也能早日知晓自己 10 年后要成为的样子。

培养预判趋势的能力

梁宁老师在她的产品思维课中讲过这样一个故事：

一对双胞胎，天赋差不多，努力程度也基本一致，2010 年一起大学毕业，一个加入腾讯，一个进入报社。

7 年后，去腾讯的那位已是年薪百万，而且满街都是挖他的猎头。

投资人也在挖他，只要出来创业就给钱。

而去报社的那位，因为报社不景气，他曾寄托理想的平台没有了，一切都需要重来。

双胞胎命运迥异的根本在于，他们所在的公司依附的经济体，一个在快速崛起，一个在快速衰落。

阿里巴巴军师曾鸣教授在他的《智能商业》一书中有个点线面体的理论，根据这个理论，我延伸出来的思考是：

“点”是个体从业者；

“线”是行业；

“面”是公司；

“体”是经济体。

对于每个“点”，只有先选对了“体”和“面”，才能在中短期中获得确定收益，从而顺势而起。

就像你努力工作的工资收益，还远不如2013年以前买了腾讯的股票或者2010年以前买了北上广的房子。

因为你再努力工作，你还是一个点。一个月或一年的工资，只是一个点的努力成果。

但是腾讯股票与北上广房子的收益，是因为这个点依附于一个快速崛起的经济体。

梁宁老师说普通人和富人的区别在于，普通人勤恳努力，在意每一个当下的点，而任何一个点都不会产生过多的收益。

如果想要成为富人，就要借助经济体的崛起，要顺势而为。

所以，从事一个职业、选择一条赛道之前，首先要考虑它们是否符合经济发展趋势。如果没有在一个上升的经济体上，就不要去做。

把事做成的第一个前提条件就是顺应事物发展的规律，不顺应规律做事付出再多的努力也不可能做成。

事物发展的规律，是客观存在的，不以任何人的意志为转移。

规律是我们能发挥主动性边界以外的东西，我们把它简称为“主动边界外”。

对于主动边界外的事物，我们只做选择。选择完后被动地顺其自然而不用做任何努力，因为努力在主动边界外没有任何作用，我们的个人能力有限，要认清这一点。

想要更好地预判未来趋势，就需要我们了解、知晓一些底层的规律。

只有懂规律，按规律做事，才能以不变应万变。

那么，如何掌握这种规律？

方法一：遇到问题或者不理解的现象，要深度思考，不断追问自己“为什么”，直到找到可以解释同类现象的普遍规律。

就比如：为什么北京房价那么高？

没有经过深度思考的人会说：“炒房团炒的。”

经过深度思考的人会说：“北京的土地供应稀缺，而高购买力人群又集中，推高了价格，是供需关系决定的。”

而供需关系就是底层的规律，同样可以用来解读其他商品价格高的现象。

方法二：站在巨人的肩膀上，直接用前人总结出来的规律。

常见的规律比如二八定律、进化论、供需关系等。

这就需要我们平时有意识地用学到的规律性知识拿来解读生活中的现象，坚持做，时间久了，就有了“预测”未来的能力。

向上级提方案前，多做准备

在我还是一名下属的时候，经常给领导做提案，因为当时的我并没有把自己当成一个打工者，完全以老板思维来工作，很多事情领导还没来得及思考，我就已经提前想过，并有了执行方案。

凭着之前做产品研发练就的强大用户思维，每次我向领导提交方案，都是一提一个准儿，领导会很爽快地批准我的方案。

我经常用的提方案的模板有两个：

第一个模板：提供至少两个以上的选项，让领导做选择题。

这个模板的最大好处在于大大降低了领导的抵触情绪。假如我只提供一个方案，会给领导一种我在要求他的感觉。

要知道，每个人都会有这样的心理：别人要我这么做，我就这么做的话，就代表我的服从，从某种角度来说，服从就是认输。

没人喜欢认输，更何况是地位比我们高的领导呢？

但是提供选择会给对方一定的掌控感，从而大大降低其拒绝的意愿。

这个沟通技巧可以用在很多生活场景中，比如你想要让老公洗碗，不要说："今天的碗筷你帮忙洗了吧！"而要说："你可以先把碗筷洗好了，再去打游戏。或者，你可以先玩一会儿游戏，再去洗碗。" 这可以大大提升对方执行的意愿。

再比如销售人员不要对客户说："您会员卡里的钱快没了，要不要现在充值呢？"而要说："您会员卡里的钱快没了，您可以现在充值，也可以下次充值。"前者没有给对方选择的空间，后者让对方听起来很舒服，客户自然对销售人员的好感度大大提升，有效提升会员卡的充值率。

第二个模板：先抛出我的方案，再给出自己这么做的原因，以及已经做了哪些准备工作。

这个模板的好处在于向领导充分证明了我思考的缜密性和周全性，不会让领导觉得我是拍脑门随随便便想出来的主意，所以就会不自觉地认真对待。

无论哪种模板，出发点都是尽可能地减轻领导思考和决策的负担。

领导每天日理万机，不停地做各种思考和决策，如果你能在提案时充分体现自己的同理心，让领导感受到你在为他考虑，即便你的提案不是最优的，大多数情况下也能得到其支持和批准。

读书没有用，用书才有用

从新东方老师到走上自媒体创业之路，我认为这个转变离不开4年前我做出的一个选择：不带课的时间开始参加线下读书会。那时候的我阅读量还不大，在读书会上，看到其他书友侃侃而谈分享自己读书心得的样子，得知他们一天能读完一本书的速度，很是羡慕。

从那时开始，我内心就埋下了一颗种子：要成为一个饱读诗书、真正有文化的人。4年过去了，我基本做到了，命运也因此发生了巨大的改变。最近刷朋友圈，偶尔会刷到之前一起参加读书会的书友，就会好奇地点进他们的朋友圈看看是否和我一样，因为读书而发生了巨大的人生改变。但好像并没有，他们还是坚持读书，甚至还是一天或者一周读完一本书。

这引发了我的思考，为什么同样是读书，这些书友的读书速度和读书数量甚至远超过我，最终却只有我的命运因为读书迎来一个又一个转折呢？想来想去，我发现只有我在坚持不懈地做他们没有或很少做的一件事——写作。

我并没有过度追求阅读的速度和数量，而是在每读完一本书之后，都会将自己的生活实际联系书中的精华观点，写一篇读书心得。输出的过程帮助我深入理解了书中每一句话背后的含义，也让我知道了如何将书中的知识点应用在生活中，我懂得举一反三。

通过这个反思，我意识到，读书没有用，用书才有用。我也意识到，在这个时代，你知道更多的知识也没多大用，互联网带来的获取知识的便捷性，让很多人都可以获取同样多的知识。

唯一可以让你脱颖而出的是，你对同一件事、同一个知识点理解深度的不同。当你理解得越深时，你就越能比别人做出更正确的选择，你就越能打出差异化，从而远远甩开竞争对手。所以，认知深度是这个时代改变命运的密钥，一切学习动作都应以提升认知深度为终极目标。

我是如何提升认知深度的？

第一个方法是输出倒逼输入。过去3年，我一直在写公众号，后来视频号火起来了，我就用视频号分享自己对所学知识的理解。读完一本书后，如果没有输出，我就认为自己没有真正意义上完成这本书的阅读和学习。

第二个方法是用什么读什么，读了就要立刻应用到工作中。自从我成为团队管理者之后，每天要上班，不像之前待在家里有那么多时间阅读了。所以我只能去读那些我立刻能用上的书，因此前段时间我读的书都是管理方面的书籍。今天学过的知识点第二天就能立刻应用到工作中，并产生意想不到的效果。这让我欢喜不已。

但最让我受益的是，当我立刻把知识点用在工作中时，带来的效果和反馈让我对知识点有了更深一步的认知。然后我会调整书中的知识点，变为符合自己实际情况的理论，这样书中的知识就真正内化成我自己的智慧和能力了。

未来，得深度者得天下。

学会优雅地拒绝

我第一次成为团队管理者后，最大的感受就是撕裂感，时间的撕裂感、目标的撕裂感、情绪的撕裂感接踵而至，让我有些顾此失彼。

因为团队每个人的方案要进一步推进下去，必须要经过我的确认才能执行。

所以，只要我在工位上坐着，每隔十几分钟就会有人来问我："Tina，你这会儿有没有空？帮我确认一下方案。"

一开始的时候，谁需要我我就应和着，像一个救火队员似的，哪里有"事故"哪里就有我的身影，导致我自己手里的事情总是被打断。

无法聚焦专注，我就无法发挥出自己的最高水平，自我满意度下降，越来越控制不好自己的情绪，有时会在整个团队面前情绪失控。

后来我想明白了，人只有先让自己开心了才能对周围的人、周围的事释放出善意。

那些让自己不舒服、不开心的人和事都应该大胆地做减法。不要想着满足所有人，满足了所有人，失去的就是我们自己，这反而会给他人带来更大的伤害。

经过自我反思，我调整了策略，把工作效率最高的上午时间全部留给自己，有人来找我我会直接说："我这会儿没空，下午两点后行不行？"

这种拒绝方式对部分人有效，但有些人可能会说："我这个方案挺着急的，占用你几分钟就行。"

对方这么说，我通常情况下就妥协了。

后来在读到《好好说话》这本书时，其中的拒绝方法帮我巧妙降低了此类情况发生的概率。

我把自己的拒绝调整为："我这会儿没空，你看下午两点后我们确认，你会不会介意呢？"

当我用"你会不会介意"这句话来引导对方的时候，对方通常会条件反射性地回复"不介意"，如果说自己"介意"就显得太不大度了。

毕竟人人都希望在别人面前维持一个良好的形象。

这个拒绝方法可以应用在很多场景中，比如你对自己的健身教练不满意，想换一个，但碍于情面不好意思开口。怎么办呢？

常见的说法可能是："我想换一位教练来指导我，可以吗？"

对方的第一反应很可能是追问你理由，这时候你越解释就越容易把气氛弄得很尴尬。

更好的说法是："教练，不好意思，我想换一位教练来指导我，你会不会介意啊？”

这同样是应用了人人都想维持自己好形象的心理，对方在听到这句话之后，通常会故作无所谓地说自己不介意。这样一来，大家都轻松。

如果你心理上有卡点，总是迈不出拒绝别人的脚步，送你一句话：别不好意思拒绝别人，那些好意思为难你的人，也不必过于顾虑他们的感受。

人生，就要拒绝该拒绝的事，团结该团结的人，才能轻装前行，无所挂碍。

把工作当成玩

总有朋友跟我说："你那么拼命工作，也不出去玩，累不累啊？"

我说："还真不累，我的娱乐方式就是工作，只有工作给我带来的进步和成长，才能让我大脑分泌最多的多巴胺。谁不让我工作我跟谁急。"

我真的不是在开玩笑。

我非常清楚自己最渴望的是什么，那就是持续成长。

我曾经跟朋友说过这样一句话："如果不能做到每天进步一点点，人生就没有意义。"谁知遭到了不少朋友的鄙视和反对。

后来我就不再公开说了，但是这个理念在心中从来未动摇过。

我认为人生最重要的意义就是成长、修炼自我。

所以，只要看到自己每天在进步，我就是快乐和满足的。

而我发现创业竟然是倒逼自己成长最快的方式。

创业的每一天里，我会遇到各种问题，通过思考、读书、向高人请教，解决、攻克问题，对我而言，就像打游戏通关一样刺激、有趣。

所以，有人对我说："你以后一定会成功的。"

我说："不，当下的我就是成功的，因为我在按照自己的意愿度过每一天。"

刘润老师说："这个世界上最可怕的人是那些把工作当成了玩，永远不知疲倦，永远精力充沛的人。"

那么，如何把工作当成玩？如何活成最可怕的人？

答案是：你的事业 = 能力优势 + 兴趣爱好 + 行业趋势

这三者中，你首先要考虑的是行业趋势，不顺应趋势做事，赚钱很难，正向反馈太慢太小，很难持续。

选好了行业趋势，再进一步思考如何把趋势跟自己的兴趣爱好结合起来。

那么，如何发现自己的兴趣爱好呢？

回顾过往经历，那些能让你进入心流的事情就是你真正热爱的事情。

心流就是我们在做某些事情时，能够轻易做到全神贯注、投入忘我，甚至废寝忘食的状态。

在这种状态下，我们感觉不到时间的流逝，并且完成这件事情之后会有一种充满能量且非常满足的感受。

思考在过去的经历中，你什么时候是满心欢喜地去做一件事，感觉只过了半个小时，可一抬头，已经过去了 3 个小时，这就是你真正热爱的事情。

就能力优势而言，每个人都有一些事情明显做得比其他人好，比如有的人就是天生嗓音好，一开口就如天籁之音，别人再怎么刻苦练习都练不到他这种程度。

人只有把自己的能力优势发挥出来，才能收获来自这个世界更多的正向反馈。

思考在哪件事情上，你比其他人更容易获得成功；哪种工作，你明显比其他人完成得更快，且质量很高。

希望你也能把工作当成玩，我想这是对一个人最美好的祝福。

示弱，有效获得他人帮助的方法

很多人不愿麻烦别人，害怕暴露自己脆弱的一面，从而失去信任自己的朋友。但真相是，当你告诉别人你有困难时，反而会有更多人愿意帮助你。不仅如此，敢于求助，也是有效连接他人的纽带。

跟你分享一段我上大学时结交牛人的经历。大四时，我想到北京实习，但在北京没有任何人脉资源，我的学校又很普通，怎么办呢？我突然想到微信里有一位新东方老师，当时我只是上过他的课，但从来没交流过。我抱着试试看的心态，发微信问他实习的事情。

没想到，这看似不经意的一问，却改变了我后来的人生轨迹。这位老师给我提供了一个助教的实习机会，我在实习期间工作很认真，什么累活都抢着干。毕业后，这位老师又把我推荐到了一家线上培训机构，普通院校的我顺利从二线小城市来到北京这样的大城市。这才有了我后来进入新东方，进而到英国留学的机会。

回想起来，假如我当时碍于情面，没好意思去麻烦这位老师，那我很可能毕业就回到老家，找一份朝九晚五的工作干一辈子了。富兰克林曾说："如果你想交一个朋友，那就请他帮一个忙吧！因为，很多好关系是麻烦出来的。"就像刘润老师说的："示弱，会邀请能量，邀请善意，邀请帮助。"

如果总是向外界传递我是完美的、我是无所不能的，会给人带来压力和危机感，从而让人远离你。但如果你时不时地释放出"我也有脆弱的时候"的信息，反而会引发很多人的共鸣，让大家觉得你也和他一样，也有需要帮助的时候，这就更好地建立了与他人连接的纽带。

带团队也是如此，作为团队的领导者，你想激发员工的主动性和积极性，适当暴露缺陷可以帮你很好地实现这一目的。比如告诉员工：“兄弟们啊，我最近很头疼，这个项目弄得我非常累。”这会让员工觉得“原来老板和我一样，也有焦虑的时候”，从而更能理解你，认可你的努力和付出，并更加卖力地工作。但使用这一技巧要注意两点：一是只能暴露情绪上的缺陷，不能暴露能力上的缺陷；二是不要在项目攻坚期使用这一策略。

Chapter 5

/勇 于 创 业/

作为创业者，只有先舍得分钱，未来才能赚到大钱。

一切商业的起点都是让别人获益，一个人之所以成功，是因为绝大多数人希望他成功。

领导力是最值钱的能力

刘润老师在《底层逻辑》一书中说："只有不断让自己变稀缺，你才能拥有财富分配权，获得更多财富。"什么能力才是最稀缺的能力？答案是：领导力。

领导者成功的核心是什么？一位老师是这么说的："领导者基于长期观念做出了远期承诺，吸引一批人跟着他干，一段时间的共同奋斗后，当远期承诺实现的那一刻，领导者的领导地位真正形成。"

那么，如何让自己具备领导力？

1.善于通过观察、预判趋势做出远期承诺。能预判未来的人往往是领导者。

2. 增强延迟满足感。不妄想一夜暴富，遵循量变引发质变的规律。真正的领导都是真正的长期主义者。

3. 让自己成为一名教练。学会育人，把自己的专业能力、方法流程化、标准化，复制给组织成员，让他们也能做到。

先舍得分钱，未来才能赚到大钱

我在读刘润老师的文章时，读到一则真实的案例颇为震动。那是原青岛啤酒董事长金志国的故事。

当年青岛啤酒厂收购了西安的汉斯啤酒厂，但是汉斯啤酒厂成立了 9 个年头，亏损了 9 个年头。然而在金志国走马上任后，短短两年就将汉斯啤酒厂扭亏为盈，创造了 1200 多万元的利润。

这家一直亏损的企业第一次尝到了赚钱的滋味，然而就在这时，金志国做出了令所有人都不解的决定：他把其中的 1000 万分给了经销商，只留下了零头 200 多万作为企业的利润。

此举震惊了所有人，经销商们从惊喜到感动，再到备受鼓舞，从此汉斯啤酒的品牌深深刻入经销商的心中，不仅吸引来更多的人成为经销商，还让这些经销商更加忠诚、更为卖力地宣传汉斯这一品牌。

3 年后，汉斯啤酒的利润突破 5000 万，当金志国调离汉斯啤酒厂时，它的利润已经突破 1 个亿，成为青岛啤酒重要的利润来源。

当金志国被问及为什么要给经销商分那么多钱时，他说：“以前我们从来没有尝到过赚钱的滋味，现在尝到了，就够了。更重要的是，这些钱是谁帮助我们赚的？谁能持续帮助我们赚钱？还有多少人来帮助我们赚钱？我们都要分给他们。”

正是因为金志国放弃了眼前的 1000 万，才有了后来的 1 个亿。

刘润老师说：“什么是真正的长期主义？就是你要赚今天的小钱，还是未来的大钱？”

很多老板在给员工分钱的时候，生怕多给员工分了钱，自己吃了亏。殊不知这样的心态才是让他们吃亏的真正根源。

就像吴军老师说的：“再好的人，如果舍不得分享利益，周围的人最终也会离他而去。”

有几个线上团队成员已经跟随我快两年了，不光因为我们价值观非常同频，还因为我在分钱这件事情上毫不吝惜，甚至有人在我这边赚到的钱要超过他们的主业收入。

我从来不担心给多了自己吃亏，因为我相信商业运行的规律：商业的本质就是等价交换，给出去的越多，回来的也就越多，给出去的越少，回来的也就越少。

作为创业者，只有先舍得分钱，未来才能赚到大钱。

一切商业的起点都是让别人获益，一个人之所以成功，是因为绝大多数人希望他成功。

创业，一定要做难而正确的事

华为一直专注于通信网络设备的制造和服务，当年房地产行业兴起，很多公司都纷纷入局，赚得盆满钵满。

华为也曾动摇过，但是主要领导人发现这个业务快钱来得太容易时，果断放弃了。

华为后来留下了一句话：赚快钱的队伍不好带。

当人人都在渴望一夜暴富的时候，华为主要领导人能保持清醒，意识到快钱是市场红利带来的，红利一旦消失，赚快钱的机会就没了，这对于积累企业的核心技术没有任何好处。

众利勿为，众争勿往。只有放弃赚眼前的小钱，才能赚到未来的大钱。这是华为团队的高明之处。

之前的我也喜欢跟风做事，别人说投资数字货币好，我就跟着投资；别人说上这门课程好，我就跟着上；别人说你要去买房，我就跟着研究。

最终的结局不是被“割韭菜”，就是注意力过度分散，没有办法聚焦在自己真正擅长的事情上。

后来我慢慢意识到，做个人品牌最忌讳的就是从众思维，看到别人做什么就跟风做什么，这样的结局就是泯然众人矣。

现在的我逐渐想明白了一件事，其实绝大多数人的建议都不值得听，因为绝大多数人都说一件事好时，说明这件事已经没有门槛了，没有门槛、人人可做的事情，机会和利润一定都少之又少。

一个人之所以能赚到大钱，根本原因在于这件事情的门槛高，把绝大多数人挡在了外面。

这也是为什么我给公司提出的价值观是持续做难而正确的事。

绝大多数人不愿意做难的事，比如读书、写作、拍短视频、创业，当我们去做了后，就比绝大多数人拥有了更多机会。

毕竟难走的路，从来都不拥挤。

绝大多数人也很难做出正确的决定，因为正确的决定是由高纬的认知带来的，而高纬的认知需要广博的学识和独立思考的习惯，而大多数人不会拓展自己的见识，也懒得独立思考。

所以，一旦我们选择了做难而正确的事，从思维上就已经超越了许多人了。再加上“持续”二字，可以直接甩掉更多的人。

就像巴菲特说的：“别人恐惧时我贪婪，别人贪婪时我恐惧。”

做跟别人不一样的事，而不是更好的事，才能拥有更多的机会。

创业之前，找到你的增长飞轮

“一切都是积累”，这是一位友人经常挂在嘴边的一句话。

积累很重要，但是积累也要找对方法和路径，否则即便我们每天拼命做事、思考，收效也甚微。

在正式开始投入时间、精力、资源做一件事情之前，首先要想清楚自己的增长飞轮。

什么是增长飞轮呢？举例来说：

4 年前的某一天，我闲来无事，突然冒出一个想法：我要把自己北漂租房的故事记录下来，因为太跌宕起伏了，我足够自信地认为，一流的编剧也写不出这么精彩的剧本！

就这样，为了把这段充满戏剧色彩的租房经历记录下来，我开通了公众号，发出了第一篇文章《北漂三年，我租过的那些房子们（一）》。

万万没想到文章一发出就收到了好多亲朋好友的点赞，甚至还有多年未联系的小学同学专门私信我催更。

就这样，承载着这部分人的鼓励和期待，我很快就连载完了自己3年的北漂租房故事，这期间涨了几百个“粉丝”，虽然不多，但已经超出我的预期了。

然而，这时候，我发现自己已经没有办法停止更新的脚步了，因为有这几百人的关注和喜欢，我期待着去写更多的文章给他们，获得更多的认可和点赞。

每次写完一篇文章，点击“发布”按钮的那一刻，我整个人就像被浸泡在了无穷的多巴胺中，感受到无与伦比的创作快乐。

就这样，创作带来更多的“粉丝”，更多的“粉丝”给予我更大的成就感，更大的成就感驱动我更高频的产出，更高频的产出倒逼我阅读更多的书籍。

书读多了就总想写点什么，写多了就吸引来更多的“粉丝”……形成了一个完整的增强回路。

我在写作这条路上越走越远，直到把自己带到今天自媒体创业这一步。

那么，做什么事情能产生飞轮效应？

当你做的 A 事件可以增强 B 事件，B 事件的增强又能反过来增强 A 事件时，就形成了一个车轮式的循环，只要你持续不断地做 A 事件，这个车轮就会旋转得越来越快，直到变成一个无须费很大力气就能自动旋转的飞轮。

亚马逊创始人贝佐斯在决定创业时，首先想清楚了自己创业的增长飞轮是什么：

更低的价格带来更多的客户，更多的客户带来更低的供应成本，更低的成本带来更低的价格，更低的价格带来更多的客户……

他就按照这个循环，把这个飞轮持续推动了 20 年，才创造了现在的规模效应，搭建了让竞争对手望而却步的护城河。

刘润老师说："小成功靠聪明才智，大成就靠增强回路。"

所以，在决定做一件事情之前，想要让自己的努力收益最大化，必须想清楚自己的增强回路是什么。

如果你报了写作课，并掌握了一堆实用技巧，但就是不去实实在在写一篇文章，就没有增强回路。

不能产生增强回路的事情，就不要做，那只会浪费时间。

如果你积累了一定的写作功底，但没有坚持写，比如因为工作原因变换了方向，那你只能眼看着刚刚推动起来的飞轮，势能慢慢弱下来。

而你要坦然接受这个结局，不要再指望依靠写作有大成了。

在想明白了这个道理之后，我画出了自己创业的增强回路：

我的知识结构和能力带来好的课程产品和服务，好的课程产品和服务为客户提供高价值，高价值带来产品口碑，口碑带来新客户和老客户的复购，从而创造一定的利润，利润中的一部分让我负担得起费用更高昂的课程，更高昂的课程继续完善我的知识结构、提升我的能力，从而继续优化升级产品和服务……

当这个闭环模式清晰地呈现在眼前时，我又用红笔写下了几个字：这个飞轮至少推 10 年。

因为我看到了它可行的商业模式和巨大的价值，所以我足够重视。

只有足够重视了，才能极致地践行。

创业路上，不能产生增强回路的事情，不要做。

员工提离职时心态要淡定

“对任何人都不抱希望，但是对任何人都永不绝望。”

自从成为一名团队管理者之后，我就时常把这句话挂在心上。在我需要的时候，这句话如同一剂强心针，可以很快治愈我心头的苦闷和挣扎。

人生第一次做管理者，我激情澎湃。为了给团队做好表率，每天最后一个下班，周末也不休息，要么拍视频要么备课。第一个月就带领团队拿到了月度业绩冠军。

我还没来得及细细品味成就感带来的喜悦，突然一天收到了一位团队成员离职的请求。

她工作认真踏实，我交代的事情总能出色地完成，还刚刚被评选为月度优秀员工，拿到了月度奖金。

我还在计划着好好培养一下她，上直播带她出镜，帮她把个人品牌打造出来。

所以，当时看到这个请求后，可想我的诧异。

我怎么也想不明白她离职的理由，所以并没有直接答应她，而是和她约了第二天上班面谈一下。

谁知，还没聊几句，她就眼眶湿润，哽咽着告诉我她父母不希望她留在大城市折腾了，让她尽早回老家找一份离家近的工作。

我听到这个理由根本无法理解，这么优秀的她竟然会被父母的想法束缚，无法按照自己的意愿生活。

在断定她不是因为工作不开心而离职后，我劝她再跟父母谈谈，她想了想便答应了。

几天之后，她给了我答复，还是要离开，只不过这次目光更加坚定，情绪更加平稳，神态更加从容。

我同意了她的请求，内心怅然若失。

一个月之后，我刷到她的朋友圈，发现她已经加入了另一家医疗公司，但定位还是在这座城市。

她离职的真实原因，我永远无从得知了。

但从那以后，面对员工突然的离职，我淡定了很多。

我意识到每个人都有自己不想对外言说的秘密，我们也永远无法做到对任何一个人真正感同身受。

唯一能做的就是对他人不要有过分期待，对自己要有一定的要求，遇到事情要尽力而为，然后顺其自然，时间会告诉我们：一切都是最好的安排。

我曾在朋友圈写过这样一段话，收到了很多好友的点赞，分享给你：

对别人，不要去控制，而是要影响；不要有期待，而是要顺应；不要去索取，而是要给予。

对自己，不要太放纵，而要有克制；不要太懦弱，而要有勇气；不要太封闭，而要走出去。

劝退员工时，注意对事不对人

我在之前的公司参与过几次裁员的沟通工作，因为提前学习了相关场景的沟通策略，所以每次都处理得妥当，员工离开后依然愿意和我做朋友，甚至还会一起聚餐吃饭。

分享一下我的沟通策略：

一般在正式优化谈话前，要有 1-2 次的谈话，客观陈述对方目前的表现没有达到公司预期，让他提出改进方法，并给出一段观察期。

这样做的目的是让他有个心理准备，如果对方经过改善后依然没有达到目标，可能就会自动提出离职，这其实是最好的结局。

但如果对方并没有主动提出离职，那么就进行最终的正式优化谈话。

要先明确正式优化谈话的目的：通过建立共识，让对方认可你的决定，最终帮对方搞清楚他想要的是什么，并给他提出建议或帮他找到解决方法。

正式优化谈话模板如下：

1.客观讲明事实和结论，不要给予评价。

比如：为什么公司做出这样的决定？

原因1：×××

原因2：×××

为什么不给予评价？

因为已经确定让对方离开了，所以评价没有任何意义，只会让谈话变得更艰难。

2.谈话主体结束后，回到朋友的角度，给对方鼓励，表示感谢。

甚至可以对其后期就业给出基本的建议，比如分析更适合他的岗位是什么，如果有合适的资源，可以帮他对接下一份工作。

这套谈话模板屡试不爽的根源在于，它的谈判逻辑是对事不对人。

“对事不对人”是在工作场景中高频出现的一句话，为什么职场要经常强调“对事不对人”的工作原则？

因为遇到问题，将矛头指向某个人时，你就把他放在了你的对立面，他会产生抵触情绪，最终的结果是，你不仅解决不了真正的问题，还会滋生新的人际问题。

问题多了，只会让你心力交瘁，工作效率大打折扣。解决问题一定要从事实出发，对事不对人。

对事，你能把对方拉到和你统一的立场上，一起解决这件棘手的“事儿”，你们是盟友关系。

对人，你就把对方推到了你的对立面，你既要解决这个棘手的人，还要处理这件棘手的事儿，你不仅是孤军奋战，还给自己出了新的难题。

其实，应对任何人际关系都应该遵循“对事不对人”的准则。而要做到对事不对人，一定要学会区分事实和评价。

创业是一场体能之战

最近我一直在反思自己的过去，因为现在的我们是我们过去所有经历的总和。

如果想变得更好，就得持续反思自己过去的错误，然后加以修正。

通过深刻的回忆和反思，我意识到自己犯了一个很大的错误，就是在工作的时候总是做过头，没有平衡好生活和工作。

过去的我每天都会忙到深夜一两点钟，第二天早上 10 点钟才起床吃早饭。

这不仅违背了身体运行的正常规律，还影响了家人的休息。

后来我通过读书意识到，人的脑力在一天不同的时间段是有不同程度的敏捷性的，它在不断波动。

一个人通常早上起床的时候，精力最充沛，头脑活性最大，但是过一段时间，就会感觉注意力不集中。

这就意味，我们应该把一天当中最重要且最难处理的事情放在早上、上午去做，剩下的时间就去处理简单重复的工作。

于是，我开始让自己的作息和工作节奏顺应身体的运行规律。

之前我喜欢在晚上睡前写复盘日记，现在我调整为早睡早起，早上 6:30 起床后写复盘日记。

我明显意识到思维敏捷很多，之前睡前写总是迟迟写不出来，或者写得不满意，但是现在改到早上写，不仅文思泉涌，而且言之有物。

之前因为过于专注工作，所以很少运动，后来知道运动可以刺激大脑，让自己变得更聪明后，我不仅会在早上写完复盘日记后晨走40分钟，还要每周去两次健身房。

之前的我没有平衡好工作和生活，下班后还会继续加班，休息不好就导致白天上班时间无法呈现最佳状态。

现在的我下班后不会再强迫自己学习或者工作，为了更好地进入睡眠状态，我全然放松自己。这样一来，基本上晚上10点就会犯困，头一沾枕头就能睡着，等再次醒来就是第二天早上6点多了。

起床后吃点东西开始写复盘日记，开启能量满满的一天。

我们要顺应规律去对待自己的身体，才能把自己照顾好，也才有能力照顾他人。

因为，所有艰难的工作到最后都是体能之战。

用好反向思维，红海变蓝海

刚做视频号时，我每天拍一条短视频推荐一本好书，坚持了一个月后，有幸得到一位老师的指点，他告诉我不要讲书了，这个市场早就是红海了。

之后的一年里，我除了拍视频，写公众号、做产品我都尽可能避开以讲书、荐书为主题的交付。

上个月我的公司正式成立，我的第一款产品就跟书有关，内核也跟市面上的很多产品一样：带着大家读书。

为什么我还是冲进了这个厮杀激烈的红海市场？

因为我通过自己公司的定位——赋能个人品牌创业，倒推出了想要打造个人品牌，必须要有强大的输出能力，但没有高频的输入习惯，是不会有强输出力的。

而读书就是最划算、最便捷的输入方式。

所以，想要打造个人品牌，大量阅读是永远绕不开的一条路。

既然我要赋能别人做个人品牌创业，我的业务线也是绕不开这方面的交付的。

既然必须要做这款产品，我就开始思考：如何才能在红海市场里尽可能避开竞争呢?

想来想去，我最终找到了一个方法：反向思维。

这意味着我需要去体验、分析市面上头部的讲书、领读产品，并用与它们相反的方式来交付。

讲书、领读市场最大的头部就是“樊登读书会”。

他用音频和视频的方式作为载体，那我就用文字和社群作为载体；

他做讲书，那我就做伴读；

他是带着用户听，那我就带着用户读和写；

他是每周用 1 小时讲一本书，我就用 21 天带着大家自己读完一本书；

市面上也有很多共读营，虽然我们本质也是共读，但是我们主打“用书”。

我甚至在海报文案上也采用了反向思维。

大部分商家都会在海报上注明“推荐你加入的 3 大理由”或者“加入你将收获以下 3 点”。

既然大家都这么做，我就要反着来，写了“不建议你加入的 3 大理由”。

结果，这张海报引发了一部分人的逆反心理：你不让我加入，我偏要加入。

以上就是我在设计这款产品时的一些思考。

我朋友圈中有一位清华的老师在做跟樊登基本一样的事情，也是用音频讲书，也是定期更新一本书的讲解，我看她做得并不容易，招生数量并不可观。

当下这个时代，很难找到一个蓝海市场了，你要创业，你要经商，必然要面对大量的竞争，必然要在红海市场中与他人厮杀。

面对竞争，最好的应对方式就是做不同，用反向思维代替更好思维。

只要思维一转变，红海可以变蓝海。

不管是打造个人品牌还是产品品牌，都要去做与别人不一样的事情，而不是比别人更强的事情。

时刻提醒自己：不要用战术上的勤奋掩盖战略上的懒惰。

服务行业是永远的蓝海

前几天我去做足疗，足疗师在服务过程中推荐我办会员卡，但是我一直在犹豫，因为我经常做足疗，哪种服务水平、专业水平都体验过。

说实话，这家足疗师的专业水平一般。但最终我还是在离开前办了一张会员卡，不是因为足疗师的说服技巧有多强，而是她在按摩结束前做了一个动作：用烫热的毛巾把我的双脚裹起来，热敷了几分钟。

当她用热毛巾把我的脚包裹起来的那一刻，我的心也连带着被焐热了，整个身体从内而外都是温暖的。

当下，我就决定办卡。因为这个服务是我第一次体验。

这家足疗店就通过最后一个人人都能做到的小细节打动了我。

这个时代，产品与产品之间功能性的差距已经不大了，真正拉开差距的是服务程度，而影响服务程度的就是你能给用户提供的情绪价值的大小。

真正的爆款产品其实是能够激发用户情绪的产品。

如何激发用户的情绪？

《用户思维》一书中提到，真正好的用户思维是用户在使用了你的产品之后，对他自己更加满意了。

当用户在使用你的产品、体验你的服务时，获得了优越感和成就感，对他自己更满意了，就会忍不住与人分享自己的这段经历，产品就会被广泛地讨论和传播，口口相传就在这个过程中产生了。

从而你的产品就具备了“静销力”，即不需要主动宣传和推广，客户就能自动找上门。

刘润老师在书中说：中国的商业环境正在发生巨变，服务业对目前的中国经济有着非常重要的作用，对于求职者而言，服务业是“就业池”，对于创业者来说，服务业是“避风港”。

在物质匮乏的时代，人们更愿意为有形的产品付费，不愿为无形的知识、技术、服务付费。但随着人均可支配收入的增加，人们的消费习惯从“使用”转向“服务”，从“有形“转向“无形”。

数据显示，2018 年，服务业在国民经济中的比重达到 52%，以服务业为主的经济时代，已悄然来临。

服务是无形的，不是标准化的，所以每个人、每个商家可以提供的服务千差万别，只要你愿意，服务是永远没有止境的。

正如刘润老师的深刻洞察：服务业是永远的蓝海。

招聘靠谱的员工

我从 2020 年开始自媒体创业后，除了要打磨好产品、持续产出短视频，还有一件事也是创业路上的重要组成部分，就是带人。

从最初的 2 人线上团队，到 6 人线上团队，再到入职一家公司，得到领导重用，管理一支十几人的小团队，我越来越发现管理其实是育人的艺术。

管理者应该把自己定义为一个教练，而不是一个只会发号施令、常常指责下属的指挥者。

管理其实是把自己的能力复制给别人。

但在这一年半的带团队历程中，我发现选对人比辅导人重要太多了。

过去半年里，我的招聘渠道主要有两个，一个是社会化招聘，另一个是通过我的社群进行招聘。

经过几个月的验证和筛选，最终留下来的全部是社群招聘而来的。

社会化招聘的人员要么嫌事儿多工资低，干一两个月就提出离职，要么跟不上团队进步迭代的速度，干了一两个月还是可替代性太强，就被公司淘汰了。

而后者常常跟我说，给我多少工资都行，只要让我学到我想要的东西，让我快速成长就好。

有些人甚至为了加入我们公司，不惜从深圳过来。

因为我知道他们真正的需求是什么。

公司在每天的晨会上安排了早分享环节，有时是我分享最近新学到的知识，有时是让他们分享最近的工作体悟和心得，刻意锻炼他们的公众演讲表达力。

公司还实行轮岗制，如果发现某个员工对一项业务已经熟练了，那我就会给他安排新的项目，通过让他掌握新的技能来应对新的挑战。

这些从社群来的成员不仅不抱怨，还每天热情满满、干劲儿十足，下班后也会留在公司学习一会儿。

这是我在上家公司做管理，观察总结下来的带团队经验。

所以在离开上家公司，自己成立公司创业后，我非常清楚必须要从自己的“粉丝”、社群成员、课程学员当中招聘助理。

所以我在招聘海报上凸显了来我这上班，就是“带薪读个轻创业商学院”的宣传语。

结果很快就招募到了一位称心如意的全职助理，她在原来单位做过行动营的排长，带出过连队冠军。但她从来不骄傲自满，虚心跟我学习，经常在早会上反思分析自己，还能从哪些方面更好地提升社群运营能力。

清华大学的管理学大师宁向东老师曾说，管理的本质是处理人与人之间的关系。

从某种程度上，我是认同这个观点的。职场中关系处理不好，双方较着劲，影响工作情绪，会导致任务推进效率低下，错误率大大提升。

但如果从一开始就筛选出价值观同频的人一起并肩作战，可以大大降低这类事件的发生。

我一直觉得，价值观是否同频是合作的大前提。价值观不一致，能力再强，在同行的过程中也一定会在某个岔路口分道扬镳，这是规律。

除了通过社群招聘筛选对的人，我的第二层过滤网是在面试的时候问面试者一个问题：“你平时花多长时间阅读，对你影响最大的一本书是什么？”

一个人读不读书可以判断出他的很多品质。

首先，一个经常阅读的人一定是心态开放、想要进步的人，一个人能否成事儿，最重要的品质之一就是开放的心态。

只有开放才能更快更多地获取重要信息，才更有可能拥有优质的信息环境，而一个人能否做出正确的决定就取决于他的信息质量。

其次，爱读书的人做事通常更有耐心，我们大部分日常工作需要写非常细致的 SOP（标准作业程序），这个过程很枯燥，没有一定的耐心一定做不好，做不长久。

以上是我创业一年半以来，总结出来的带团队经验，希望对你有启发。

练就即兴表达

曾经，我特别羡慕那些能站在台上口若悬河、滔滔不绝的人，我常常在心里感慨："我什么时候才能修炼到这种境界呀。"

几年后，也就是现在的我，终于做到了，而帮我实现目标的竟然是一个小小的视频号。

在带团队期间，有好几次我都在心里默默感谢自己过去拍的400多条口播短视频。

说实话，如果没有做短视频的这段经历，我不可能胜任一个团队负责人的角色。

管理是一门育人的艺术，不仅要用自己认为正确的价值观引导团队成员，还要把自己的能力复制给他们。所以，作为一名管理者，我每天调用最多的就是即兴表达的能力。

有无数次，在跟团队分享一些方法理论，比如社群运营的本质、用户思维的定义、如何优雅地销售时，我脱口而出的都是写过的短视频文案里的观点和内容。

为什么这些内容会深深刻在我的脑子里呢？

因为我在写完每一条文案之后，都要去背诵，背下来再面对镜头脱稿录制。

曾经很多朋友都推荐我用提词器，省时又省力。

但我坚持不用，我选择了那条难而正确的路。

叔本华曾说过，真正的智慧来自大脑的记忆。

我深表赞同，如果我连学到的方法、知识都记不住的话，当遇到问题时，是不可能把这些方法调用出来的，更不可能做到知行合一。

一本书中曾说："即兴演讲不是毫无准备的讲话，它不能准备稿子，但一定要有准备意识。"

而我的“准备意识”是用了整整一年坚持背诵短视频文案，大脑积累了足够多的知识储备，才换来现在在任何场合都能张口即来的自如。

千万不要天真地以为这个世界上有即兴演讲这种事儿。

所有好的即兴演讲都是背后刻意准备和积累的呈现。

确定公司的使命、愿景、价值观

几个月之前，我在学习脱不花的沟通管理课时，她就十分认真地提醒大家，越早给公司提出使命、愿景、价值观，越好。

她说很后悔自己当初迟迟没有提出这三个概念，结果让公司走了不少弯路。

那节课的作业，就是让大家去思考自己公司的使命、愿景、价值观，并拆解成当下具体的行动。

可见她对公司是否有明确的航向，有多么看重。

虽然当时我听了很受启发，但是依然没有给自己的公司提出合理的使命、愿景、价值观。

这主要有两大原因，一是没有弄清楚使命、愿景、价值观真正的含义；二是当时所在的组织提出的口号是“创富、运动、公益”，这实在让我找不到一个聚焦的目标，所以苦苦思索了几天，无果，就放弃了。

前几天，在朋友的极力推荐下，我看了《天道》这部电视剧，被主人公丁元英的智慧和定力所震撼，他仿佛神一般，能提前预判很多事情的发生。

剧中，丁元英在没花一分钱的情况下，帮助一个极度贫困的村子拥有了持续赚钱的能力。

他能做到这一点，就是因为以终为始的思维让他保有极大的定力。

他从一开始就清楚他要到达的目标就是让这个村子拥有持续造血的能力，而不是让这个村子所注册的公司和其中的几个股东赚到钱。

以目标倒推当下，他没有通过销售全村生产出来的音响产品去盈利，而是以低价倾销的方式制造舆论热点。

竞争对手认为丁元英低于成本价打价格战，违反了市场法，就把他们告上了法庭。

这正顺了丁元英的本意，由此，他再次将这个村子推向大众的视野，最终对方以官司失败告终，不得不和这个村子合作，将这个村子纳入他们的生产线。这个贫困的村子也因此成为生产链上的一环，拥有了持续造血的机会。

看完这部剧我深受震撼，只有先知道自己的目标是什么，当下才能自动形成长期主义的定力，才不会被眼前的短期利益牵着鼻子走。

正如法国思想家蒙田所说："没有一定的目标，智慧就会丧失；哪儿都是目标，哪儿就都没有目标。"

所以，现在我成立自己的公司，把使命、愿景、价值观明确下来是当下十分重要且紧急的事，我把自己关在屋子里查阅了一些资料，苦思冥想了好几天，终于找到了符合初心的答案。

使命：帮助 10 万人提升打造硬核个人品牌的能力。

愿景：成为个人品牌创业培训界的第一名。

价值观：真诚、开放、专注、利他，持续做难而正确的事情。

现在，团队成员更加明确了自己的做事方式，一切不能帮助自己和用户提升打造个人品牌能力的事都不做，由此做到了更加专注和聚焦。

每个人都应该把自己当作一家公司来运营，每个人都是自己人生的 CEO，所以不管你是不是在创业，都应该有自己的使命、愿景、价值观。

分享一下我是如何找到自己公司的使命、愿景、价值观的。

1. 弄清楚使命、愿景、价值观的真正含义。

“使命”代表你想为这个社会解决什么问题，“愿景”代表你想要成为什么样的人，“价值观”代表在你帮助别人解决问题，成为你想成为的人的路上，要遵循什么样的价值理念。

2. 尽可能制定 5-10 年的愿景。

亚马逊创始人贝索斯说过一段很著名的话：如果你考虑今后一年干什么，你马上就会想到很多的竞争对手，但是，如果你考虑 3 年以后干什么，你会发现你的对手少很多了；如果你思考的是 5 年、7 年，甚至 10 年以后，你该做什么，你就想不起来谁是你的对手。

3. 不要以赚钱为目标。奔着赚钱去的都不是长期主义者，只要以赚钱为目标就会被短期利益所吸引，什么赚钱就做什么，甚至动作会变形，做出伤害消费者利益的事情。

市场规律决定了财富分配的公平性，即便你赚到了认知以外的钱，但最终都会以某种方式还回去。

4. 使命中最好有具体的数字：帮助多少人做什么事。这样可以更好地提高团队的执行力。

5. 明确自己的榜样人物。如果你问我我的榜样是谁，我会不假思索地告诉你：俞敏洪、刘润、罗振宇。

这些人都是知识服务者，所以我也想成为一名知识服务者。

创始人决定公司的基因，所以我的公司也只能迈入知识服务的赛道。

做公司就要有对标的学习对象，一定要向第一学习，只有学习第一，你才有可能成为第一。

成功在于少犯错

我刚开始创办视频号训练营时，正值视频号风口期，不少知识付费机构也纷纷入局视频号培训。

但我并不畏惧大部分培训机构抢我的“粉丝”，唯独一个百万公众号“粉丝”的自媒体大V也突然开始做视频号培训，让我多少有些紧张。因为对方名气太大，我的“粉丝”里也有不少他的“粉丝”。

这种危机感让我决定报名他的训练营，看看他有什么可以学习借鉴的地方，但最终的结局却是我怎么都没预料到的。

在听完第一节课后，群里就开始闹起了退费潮，因为报名的学员都是冲着这个大V来的，没想到一听课发现根本不是他本人而是他的助理讲的，关键助理讲课的水平还很一般。

不少学员觉得自己被“割了韭菜”，就开始带头在群里要求退费，随之越来越多的学员开始公开吐槽自己的不满。

我并没有加入他们，而是静静地看着这一幕，意识到自己最开始的担忧都是多余的。

有强大的竞争对手一点都不用害怕，很多对手都不是被我们打败的，而是被自己打败的，他们会因为自己的急功近利犯下错误，从而不得不离场。

果然对方在办了一期培训之后匆匆收场，以后再没有在视频号培训这个赛道上看到过他的身影。

吴军老师说：“很多时候，我们做不好事情，是因为我们太匆忙、太着急，以至于犯了太多原本可以避免的错误。当我们慢下来，重新审视自己的想法时，可以更正很多明显的错误。”

所以，我们只要把关注点放在自己身上，只要确保不犯什么大错，走得慢一点、稳一点，不下牌桌，就能成为最后的大赢家。

后来再有其他竞争对手入局视频号培训、个人品牌培训赛道，我就不会再慌张了，因为已经明确自己的目标——未来 5-10 年都要深耕个人品牌培训，当我把眼光放在 5-10 年之后，眼前的对手就不再是我的对手了。

人生是一场马拉松，在这个过程中，有人要么坚持不下去，中途自动弃权，有人要么因为犯了致命的错误而不得不离场。

很多时候，我们什么都不用做，只要坚持得足够久，确保不被迫出局，就赢了。

而减少错误最有效的方式就是每日反思复盘，把当天做得不对不好的事情记录下来，并分析出错的原因，确定好以后的修正动作。

虽然这个过程会占用不少时间，但坚持一段时间之后再看，这个方法是让我们跑得越来越快的根源。

我深知，最高效的工作方法就是不返工。只有不出错才能不返工。

少犯错比多几次成功更重要。